Sabine Hau

Nordrhein-Westfalen
WÄLDER

Wanderungen für die Seele

20 Wohlfühlwege

Droste Verlag

ALLE WANDERUNGEN AUF EINEN BLICK

Eichen im Tanz

Liebe Genusswanderer,

als Kind habe ich im Wald Baumgestalten gesucht, Beeren gesammelt und unter Wipfeln geträumt. Die Recherche für dieses Buch ließ mich meinen vertrauten Sehnsuchtsort als Ökosystem mit erstaunlichen Eigenheiten wahrnehmen.

Längst ist wissenschaftlich erwiesen, dass ein Aufenthalt unter Bäumen unserer Seele guttut. Lebhaft erinnere ich mich an eine Autobahnsperrung, bei der meine Laune auf den Tiefpunkt sank. Als ich endlich loswandern konnte, verflog mein Ärger rasch. Waldluft macht einfach glücklich.

Nordrhein-Westfalen ist zu rund einem Viertel von Wald bedeckt. Seit dem 19. Jahrhundert gehören zu den häufigsten Baumarten neben Buchen und Eichen auch schnellwachsende Nadelbäume. Insbesondere Fichten sind durch Stürme und die anhaltende Trockenheit der vergangenen Jahre gefährdet. Und so werden Sie bei Ihrer Wanderung vielleicht Zeuge eines Neuanfangs, bei dem ehemals fichtenreicher Wald sich allmählich in einen Mischbestand verwandelt, der Naturgewalten besser standhalten kann.

Wie ein roter Faden ziehen sich verschiedene Nutzungskonzepte durch mein Buch, die Wald-Themen auf vielfältige Art erlebbar machen. Neben verschlungenen Waldpfaden habe ich bewusst bequeme Forstwege gewählt, die entspannte Naturerfahrungen auch ohne besondere Trittsicherheit ermöglichen. Fühlen Sie sich herzlich eingeladen, mit viel Muße in einem beseelten Lebensraum unserem Wald-Kulturerbe nachzuspüren.

Viele beglückende Momente wünscht Ihnen

Ihre Sabine Hauke

NATUR-INFO

KULTUR-INFO

TOUREN-/EVENT-INFO

GENUSS-INFO

* 9,8 Kilometer
* 58 Höhenmeter
* 3 Stunden
* Rundweg

Lärchenzapfen

Ameisenspuren

In der Üfter Mark

Wir lassen an der Zufahrt zum Wanderparkplatz die B 58 hinter uns und folgen dem **Ameisenpfad,** dessen Beginn von einer Schautafel mit einem Fußabdruck und einem Pfeil markiert wird. Dieser Erlebnislehrpfad, den in Steinplatten gemeißelte Tierspuren markieren, möchte insbesondere als Barfußweg vielfältige Sinneseindrücke bieten. Er bringt uns rechts als weicher Waldweg ins Naturschutzgebiet Üfter Mark, das einen Teilbereich des Forsts **Gewerkschaft Augustus** bildet. Wir durchqueren eine Buchenhalle und finden uns nach einem Linksbogen zwischen lichten Nadelbäumen und einem Mix verschiedener Laubbaumarten wieder. Die Spur eines Baummarders ist eines von vielen Trittsiegeln, die wir auf diesem Lehrpfad noch sehen werden.

Auf ein besonderes Angebot der Umweltbildung weist das Schild **Otto-Pankok-Schulwald ❶** hin. In einem umzäunten Natur-Klassenzimmer haben Schüler Bäume gepflanzt und setzen sich im Freiluft-Unterricht intensiv mit diesem vielfältigen Lebensraum auseinander. Kurz danach klärt uns eine Baumscheibe in einem Schaukasten über die Eigenschaften der heimischen Lärche auf.

Eine Kreuzung überqueren wir geradeaus und finden uns nach einem leichten Linksbogen inmitten Spätblühender Traubenkirschen wieder.

Wir halten uns an einer Gabelung rechts und sehen die versteinerte Spur eines Dachses. Auf dem sanft ansteigenden Sandweg klärt eine Lehrpfadstation über das Leben der Waldameise auf. Wenig später

Der Forst Gewerkschaft Augustus wurde im 19. Jahrhundert mit Kiefern aufgeforstet, die im Bergbau als Grubenholz dienten. Der Wald wurde vom Mannesmann-Konzern als Jagdrevier genutzt und gehört seit 2002 dem Regionalverband Ruhr.

Im 17. Jahrhundert gelangte die Spätblühende Traubenkirsche als Ziergehölz aus Nordamerika in europäische Parks und Gärten, später in unsere Wälder. Ihr Nutzen hält sich in Grenzen, ihre Wuchsfreudigkeit nicht. Die schwarzen, herben Früchte sind ein gefundenes Fressen für Vögel und andere Tiere.

entdecken wir ein **Freiluft-Klassenzimmer ❷** mit Holzbänken und einem Pult.

Nach einer kurzen Pause wandern wir durch den lichtdurchfluteten Nadelwald weiter. Über den Schatten, den uns wenig später junge Birken spenden, sind wir an diesem sonnigen Tag froh, denn der helle Sandboden heizt sich stark auf. An einem T-Abzweig orientieren wir uns nach links. An einem Reh-Trittsiegel vorbei passieren wir Eichen, Birken und Kiefern in einem durchgängig flachen Gelände. Hier und da wachsen Heidelbeeren und vereinzelte Büschel Heidekraut. Durch den losen Sand unter unseren Füßen fühlt sich diese Etappe ein bisschen an wie eine Strandwanderung.

Eine Bank lädt zur Betrachtung einiger vergänglicher Natur-Skulpturen ein: So jedenfalls wirken die Baumstämme, die jemand mit der Wurzel nach oben in den Boden gesteckt hat.

An einer Verzweigung mit einem Reitverbotsschild folgen wir an einem Hirschabdruck vorbei links der Wandermarkierung **A 2**. Der sandige Untergrund ist nun wieder sehr viel fester. In einen lichten Kie-

Freiluftklassenzimmer

Für die Seele

Mit etwas Geduld kann man in der Üfter Mark Wildtiere beobachten. Uns verraten in Stein gemeißelte Trittsiegel, welche Geschöpfe sich hier aufhalten.

fernbestand mischen sich Roteichen und Birken, unter denen sich Heidelbeersträucher ausbreiten. Unbeirrt geradeaus kommen wir an den Rand eines Eichenwäldchens, wo eine Infotafel auf die traditionelle **Eichenlohe ❸** hinweist: In wassergefüllten Gruben wird zwischen aufgeschichteten Tierhäuten gemahlene Eichenrinde verteilt, durch die ein Gerbungsprozess angeregt und robustes Leder erzeugt wird.

Auf einer Lichtung lassen entwurzelte Baumstümpfe darauf schließen, dass hier ein Sturm gewütet hat. Gegenüber werden Buchen und Eichen unterschiedlicher Generationen von eng stehenden Fichten abgelöst, deren biegsame Äste unter der Last der länglichen Zapfen im Wind wippen. An einer Kreuzung wartet auf uns der **Dicke Stein ❹**, ein Findling, der seinem Namen alle Ehre macht. Wir entscheiden uns für den nach rechts abknickenden A 2/A 6 und verlassen den Ameisenpfad.

Zwischen Kiefern stehen Eichen mit üppigen Kronen. Links nimmt uns der **A 2/A 6** an einer besonders beeindruckenden Eiche vorbei mit zu einer ausgedehnten Wiese. Unsere Route verläuft an einer Gabelung geradeaus zu einer weiteren, diesmal eingezäunten Lichtung. Der schattenlose Untergrund ist mit Gras bewachsen. Der links abschwenkende A 6 bringt uns durch eine mit Lärchen durchwirkte Parzelle zu einem T-Abzweig. Dort gehen wir nach links weiter.

Im Herbst ist die Brunft der Hirsche ein besonderes Naturspektakel. In einigem Abstand weisen an Bäumen angebrachte Holzschilder auf zwei **Verhörstellen** ❺ hin, an denen man die röhrenden Tierlaute besonders gut vernehmen kann. Urige Eichen schaffen ein mystisches Waldgefühl. Den rechts abknickenden A 2 ignorieren wir ebenso wie einen linken Abzweig. Hinter einer offenen Wegschranke, neben der ein großer Findling liegt, überqueren wir ein Viehgitter. Im Schatten unterschiedlicher Bäume erreichen wir am Feldrand entlang eine Hofanlage. Links leitet uns der asphaltierte **Forsthausweg** zunächst am Waldrand entlang und dann durch Felder. An einer Kreuzung folgen wir links der Straße **Nottkamp,** neben der sich eine Parzelle mit Rot- und Stieleichen erstreckt. Nachdem wir eine Hauszufahrt und die Zufahrt Tennschürsnummer links liegen gelassen haben, wird der Asphalt zu festem Schotter. Die rechts abknickende Straße Im Trog ignorieren wir zwar, doch eine Bank bietet uns dort einen schönen Ausblick über die Felder.

Ungefähr nach der Hälfte eines Feldes, das sich zu unserer Rechten erstreckt, biegen wir links an einem Reitverbotsschild ins Naturschutzgebiet ein. Lärchenzweige ragen mit filigranen Nadeln und lindgrünen Kugelzapfen über unseren Weg, an dessen Rändern tiefroter Fingerhut wächst. Gräser wogen im Wind. Vögel zwitschern, ansonsten ist es still.

Leicht aufwärts gelangen wir zu einem Abzweig, der uns rechts sanft abschüssig durch Lärchen und Kiefern bringt. Eine Strauchschicht aus Birken und Spätblühenden Traubenkirschen bildet zusammen mit Farnen und Gräsern das Untergeschoss des Waldes, das Wildtieren einen geschützten Unterschlupf bietet.

An einer Kreuzung informiert eine Tafel unter dem Motto **Flieger und Pioniere** über Sturmschäden und Wiederaufforstung. Dort begrüßt uns geradeaus der **Ameisenpfad** mit dem Trittsiegel eines Eichhörnchens. Urtümliche Eichen mit moosbewachsenen Stämmen verteilen sich zwischen Nadelbäumen. Wir nehmen bewusst Baumwurzeln und Zapfen unter unseren Füßen wahr. Einen breiten linken Abzweig ignorie-

Reh im Wald

ren wir und wenden uns danach an einer Gabelung nach links.

Wenig später animiert eine Infotafel dazu, auf dem **Barfußweg** Wanderschuhe und -strümpfe auszuziehen, um so die Fußreflexzonen auf angenehme Weise anzuregen.

Unbeirrt geradeaus verläuft der von Baumwurzeln durchzogene Wanderweg **A 5/A 6** an einer Fuchsspur vorbei zu einer Reihe von Holzschildern. Sie stellen spielerisch dar, wie weit heimische Tierarten springen können. Dort wählen wir den linken, leicht ansteigenden Sandweg zur bereits bekannten Verzweigung. Am Schaukasten mit der Lärchenholzscheibe geht es rechts und dann geradewegs zum Parkplatz zurück.

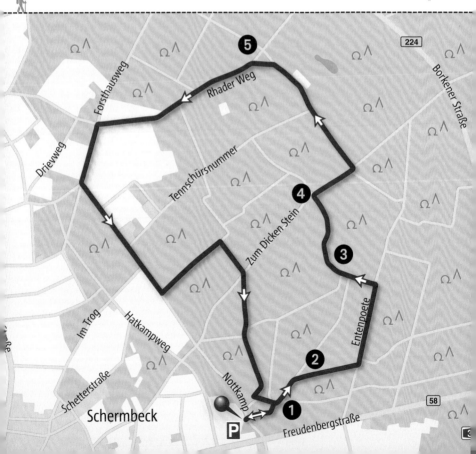

Entspannung ✹✹✹✹✹
Genuss ✹✹✹✹✹
Romantik ✹✹✹✹✹

WIE & WANN:
Sandige Wege und Pfade, Schotterwege, kaum befahrene Straßen;
eine ganzjährig interessante Wanderung ohne erwähnenswerte Steigungen

HIN & WEG:
Auto: Wanderparkplatz Rüster Mark, Nottkamp 5,
46414 Schermbeck (GPS: 51.699687, 6.900791)
ÖPNV: keine direkte Anbindung an die Strecke

ESSEN & ENTSPANNEN:
Rucksackverpflegung nicht vergessen!
Es gibt schöne Plätze, die zum Picknick einladen

ENTDECKEN & ERLEBEN:
Otto-Pankok-Schulwald ❶
Freiluft-Klassenzimmer ❷
Eichenlohe ❸
Dicker Stein ❹
Verhörstellen ❺

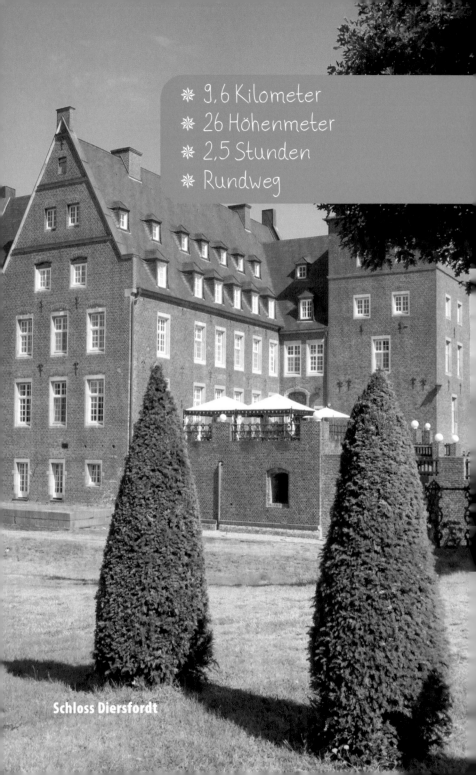

* 9,6 Kilometer
* 26 Höhenmeter
* 2,5 Stunden
* Rundweg

Schloss Diersfordt

HERRLICHKEIT
Die Diersfordter Schlosslandschaft

Vor dem Parkplatz überqueren wir die **Mühlenfeldstraße.** Geradeaus leiten uns die prächtigen Sommerlinden der **Lindenallee Am Jäger** ❶ durch eine Siedlung. Am Waldrand passieren wir eine rot-weiße Schranke und gelangen geradewegs zum einzeln stehenden **Haus Am Jäger** ❷. Das ursprünglich 1796 erbaute Jagd- und Forsthaus diente lange als Gaststätte. Daneben knickt links ein Grasweg in einen Laubwald ab, der im hinteren Bereich von Lärchen begrenzt wird. Linker Hand steigt das Gelände sanft an. Alte Buchen und Eichen säumen unsere Route. Das Grün sanft im Wind wogender Farnwedel hebt sich kontrastreich vom silbrigen Weiß gefällter Birken ab. Von Edelkastanien abgeworfene Blütenkätzchen fühlen sich unter unseren Füßen wie ein flauschiger Teppich an.

Unmittelbar nachdem wir an einer Kreuzung links abgebogen sind, ziehen uns knorrige **Schneitel-Hainbuchen** ❸ am rechten Wegesrand in ihren Bann. Es ist faszinierend, dass ein völlig zerborstener Stamm noch eine üppige Krone mit zahllosen spindelförmigen Blütenbüscheln trägt.

An einer großen Gabelung entscheiden wir uns links für den sandigen **A 3/A 5.** Rechter Hand dehnt sich hinter einem Waldstreifen der **Diersfordter Waldsee** ❹ aus. Uns verwehrt das Laub niedriger Büsche und Bäume die Sicht auf die Wasserfläche. Der See entstand seit den 1960er-Jahren durch Kiesabbau, doch viele Uferbereiche stehen bereits unter Naturschutz. Besonders als Segelrevier ist er beliebt. Auf Anfrage kann man bei fachkundig begleiteten Schiffs- oder Kanu-

Als wuchsfreudiges Birkengewächs lieferte die Hainbuche im Niederwald reiche Holzernte und erhielt durch den radikalen Beschnitt ein uriges Aussehen. Sie bildet in Parks lauschige Lauben, sorgt als Fabelwesen gestaltet für Aufsehen und in Barockgärten exakt gestutzt für Symmetrie.

Aus nährstoffarmen Böden machten mit Stallmist vermengte Waldplaggen fruchtbaren Acker, Plaggenesch genannt. Auf den so übernutzten Waldflächen dagegen entwickelte sich Heide, von der durch unvermindertem Plaggenhieb nur kahle Sandböden blieben. Die wehte der Wind zu Flugsanddünen auf.

touren Biberburgen entdecken und Wasservögel beobachten. Reizvoll finden wir auch, dass Hausboote auf dem See als Feriendomizil angeboten werden.

Eine Markierung der Kulturroute weist linker Hand auf eine bewaldete **Dünenlandschaft 5** hin, während wir durch ein Potpourri aus niedrigen Traubenkirschen, Ebereschen, Birken, Lärchen, Eichen und Edelkastanien wandern. Geradeaus wird hinter einem Rechtsbogen unser Weg zur asphaltierten **Kastanienallee.** Einen Spielplatz lassen wir links liegen und schenken einer unscheinbaren Wiese Beachtung, die rechter Hand als **historische Plaggenesch 6** gekennzeichnet ist.

Die 1772 für Schlossbedienstete errichtete **Häuserzeile Am Schafstall 7** erstreckt sich an der Straße **Am Schloss,** die uns rechts und an einer mächtigen Trauerweide vorbei zum **Schloss Diersfordt 8** führt. Zwei Torhäuser säumen die Zufahrt, von denen das linke früher ein Kornspeicher war. Wo einst Eisblöcke gräfliche Lebensmittel im Keller einer Ölmühle frisch hielten, befasst sich das Museum und Heimathaus Eiskeller mit der Historie der Herrlichkeit Diersfordt.

Orangerie in Diersfordt

Für die Seele

Inmitten der niederrheinischen Auen treffen wir im üppigen Forst der Diersfordter Schlosslandschaft auf vielerlei kulturhistorische Spuren.

Hinter einer Brücke, die den Schlossgraben überspannt, steht die Schlosskapelle, in der außer Gottesdiensten auch Konzerte stattfinden. In einiger Entfernung gibt es eine sorgfältig restaurierte Orangerie, die einst exotischen Pflanzen Schutz bot.

Wir kehren zur Schlosseinfahrt zurück und folgen direkt gegenüber dem nur an der Markierung erkennbaren Wanderweg **A 4/A 8** durch eine Wiese, in der es von einem ehemaligen **Garten- und Badehaus** ❾ lediglich noch Wände gibt. Zwischen Bäumen und Sträuchern geht es geradewegs zur Mühlenfeldstraße. Im Schatten alter Blutbuchen und Rosskastanien liegt das 1764 nach der Gastwirtin Constanze Koch benannte **Haus Constance.**

An einer Gabelung führt uns rechts die **Rosenallee** an Wiesen mit für den Niederrhein typischen Kopfweiden entlang. Dies ist der Harsumer Graben, ein Altrheinarm, der sich durch Sedimentablagerungen vor etlichen Tausend Jahren selbst das Wasser abgrub.

An einer Kreuzung nimmt uns rechts die als Naturdenkmal ausgewiesene **Lindenallee Am Homberg** ❿ mit ihren Winterlinden auf. Wir kramen in unserem Gedächtnis nach Mythen und Eigenschaften dieser Baumart: Den Germanen war sie heilig, Tanzlinden versprachen Vergnügen, während Gerichtslinden oft nichts Gutes verhießen. Sommerlinden blühen zwei Wochen früher als Winterlinden, was den blütenliebenden Insekten über einen längeren Zeitraum Nahrung sichert. Auch Blattläuse saugen den zuckerhaltigen Pflanzensaft auf und scheiden Honigtau aus.

Bereits bevor Diersfordt 1498 zur Herrlichkeit erhoben wurde, gab es dort die Wasserburg der Herren von Wylich. 1831 ging der Besitz an die Grafen von Stolberg-Wernigerode. Bei einem Brand wurde 1928 das Schloss aus dem 18. Jahrhundert zerstört, das heute privat genutzte Anwesen entstand.

Unterstand

Der Harsumer Graben, eine verlandete Rheinschlinge, entlastet bei extremem Hochwasser den Rhein. Im 14. Jahrhundert nutzte man ihn zur Entwässerung des als Diersfordter Veen bezeichneten Bruchgebietes. Furchen im Diersfordter Wald sind Relikte alter Entwässerungsgräben.

Klingt poetisch, tropft im Sommer aber klebrig von den Blättern.

Am Ende der Allee laufen wir über die Straße Am Homberg geradeaus weiter zu einem **Friedhof** ⑪, der auch wegen der als Naturdenkmal ausgewiesenen, etwa 240 Jahre alten Lebensbäume sehenswert ist. Im hinteren Bereich umfriedet ein schmiedeeiserner Zaun die Gräber der Adelsfamilien von Schloss Diersfordt. Herzstück ist ein pyramidenförmiges Grabmonument, das Christoph Alexander von Wylich 1792 für seine Ehefrau errichten ließ.

Aus der Straße Am Homberg wird **Auf dem Mars.** Gleich am ersten Haus kommen wir links durch dickstämmige Buchen in einen Wald, in dem abgestorbene Bäume wie Kunstobjekte aufragen. Ein Haus mit einer Pferdekoppel passieren wir und wandern dort an der Kreuzung geradeaus weiter. Später teilt sich der geschotterte Weg in eine Hauszufahrt und einen Zugang zu einer Wiese. Uns aber nimmt geradeaus ein angenehm weicher Pfad auf. Von den Kronen junger Bäume umschlossen wandern wir an einem Reitplatz entlang. An einer kleinen Kreuzung gehen wir geradeaus weiter und stoßen auf einen Schotterweg, in den wir links einbiegen. Wenig später gelangen wir rechts ab zur **Flugsanddüne Krähenberg ⑫,** die sich rechts von uns erhebt.

An einer Gabelung halten wir uns links und entdecken im Wald einige absterbende Eichen. An einer weiteren Gabelung wählen wir den linken Weg und biegen wenig später links in die breite, aber unbeschilderte **Waldstraße** ein. Rechts ist der Pfad leicht zu übersehen, der uns zwischen Kiefern, Ebereschen, Birken und Stieleichen zu einer Kreuzung leitet.

Links wird ein loser Sandweg von Roteichen gesäumt, die wir an ihren großen Blättern erkennen. Anders als die heimischen Stiel- und Traubeneichen kam diese nordamerikanische Baumart gut mit der einst im nahe gelegenen Ruhrgebiet verursachten Luftverschmutzung zurecht.

Vor einer etwas versteckt liegenden Schutzhütte wenden wir uns nach links, folgen der nicht beschilderten **Waldstraße** nach rechts und über zwei Kreuzungen geradeaus. Direkt danach weist ein Schild an einer Holzbarriere auf ein **Grabdenkmal ⑬** hin, zu dem ein mit Buchenlaub bedeckter Weg ansteigt. Auf dem **Herrenberg** geben Sichtachsen den Blick auf das Schloss und auf den einige

Grabdenkmal der Herrin von Wylich

Kilometer entfernten Xantener Dom St. Viktor frei. Tafeln informieren über zwei markante Grabmale, von denen eines dem 1776 verstorbenen Alexander Hermann Freiherr von Wylich gewidmet ist. Links führt neben dem Grab seines 1831 verstorbenen Neffen Christoph Alexander ein Pfad hinab zu einem Schotterweg, in den wir links einbiegen.

Ein Häuserensemble, in dem Oberförsterei, Lehrerhaus und Schule der einstigen Herrlichkeit ihre Funktion längst verloren haben, wirkt wunderbar harmonisch. Geradeaus erreichen wir unseren Parkplatz, an den sich die Denkmalwiese mit Soldatengräbern aus dem Zweiten Weltkrieg anschließt.

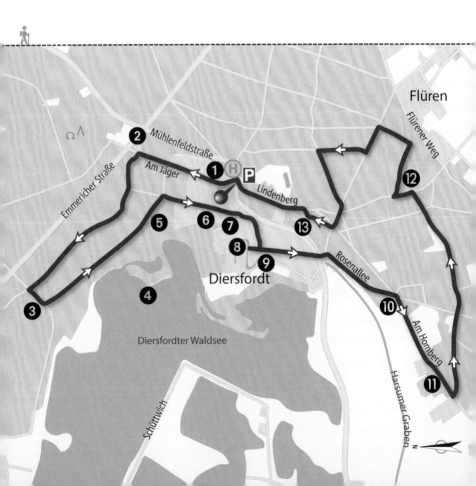

Entspannung ✳✳✳✳✳
Genuss ✳✳✳✳✳
Romantik ✳✳✳✳✳

WIE & WANN:
Asphaltierte und geschotterte sowie unbefestigte Wege und Pfade, ganzjährig lohnend

HIN & WEG:
Auto: Parkplatz an der Denkmalwiese, Mühlenfeldstraße/Ecke Lindenberg,
46487 Wesel-Diersfordt (GPS: 51.690092, 6.549844)
ÖPNV: RE 5, RE 19, RB 32 oder RB 35 bis Wesel; ab dort Bus 63 bis Am Jäger

ESSEN & ENTSPANNEN:
Rucksackverpflegung nicht vergessen!

ENTDECKEN & ERLEBEN:
Lindenallee Am Jäger ❶
Haus Am Jäger ❷
Schneitel-Hainbuchen ❸
Diersfordter Waldsee ❹ Anfragen für Fahrten auf dem Diersfordter Waldsee mit
dem Schiff MS August: www.holemans.de/ms-august.html; begleitete Kanutouren:
www.wesel-tourismus.de; Ferien-Hausboote: www.hausboot-niederrhein.de
Dünenlandschaft ❺
Plaggenesch ❻
Häuserzeile Am Schafstall ❼
Schloss Diersfordt mit Eiskeller, Schlosskapelle, Orangerie ❽
Garten- und Badehaus ❾
Lindenallee Am Homberg ❿
Friedhof ⓫ Am Homberg, 46487 Wesel-Diersfordt
Flugsanddüne Krähenberg ⓬
Grabdenkmal Herrenberg ⓭

❇ 11,5 Kilometer
❇ 73 Höhenmeter
❇ 3,5 Stunden
❇ Rundweg

Moorweg

Beseelte Wege

Unterwegs in Birgelen

An einer Gebietsübersicht an der Zufahrt zum Wanderparkplatz verläuft links der als **A 7** markierte Naturparkweg an der Naturschutzstation **Haus Wildenrath** ❶ vorbei. Gleich hinter dem Fachwerkgebäude verlassen wir den A 7, biegen rechts ab und überqueren in einem Laubwald eine Holzbrücke, unter der ein Bach fließt. An einer Gabelung halten wir uns rechts und erreichen einen Fischweiher. Wir kommen zu einer Kreuzung, an der uns geradeaus der mit einem **W** markierte Premiumwanderweg Birgeler Urwald aufnimmt. Den Kunstnamen gaben ihm Marketingexperten des Naturparks Schwalm-Nette wegen der urtümlichen Stimmung im strukturreichen Birgelener Wald.

Hinter einem Holzsteg halten wir uns ebenso links wie an zwei Gabelungen danach. Ein Waldweg führt uns schwungvoll durch alte Eichen, deren Geäst knapp unsere Köpfe überspannt, während Buchen ihre dicht belaubten Zweige fast bis auf den Waldboden hinab neigen. An einer Gabelung halten wir uns links, während der Premiumwanderweg nach rechts abschwenkt. Linker Hand sehen wir eine Wiese. In einer Buchenhalle führt rechts eine Holzbrücke über den Schaagbach. Wir folgen gleich dahinter rechts und an einer Gabelung links dem Premiumwanderweg, dem wir eine Weile treu bleiben. Wenig später weist uns ein Schild darauf hin, dass wir im **Naturschutzgebiet Helpensteiner Bachtal, oberes Schaagbachtal und Petersholz** ❷ angelangt sind. An einer Verzweigung folgen wir unserem Wanderweg im Rechtsbogen und halten uns an der nächsten Verzweigung links. Vor einem Fichten-

Das um 1700 erbaute Haus Wildenrath geht auf ein älteres Gut zurück und ist, um ein Naturerlebnis-Gelände erweitert, seit 2003 Sitz einer Naturschutzstation. Der Wald mit den Schaagbach-Quellen und deren Bachauen diente bereits einer 1969 gegründeten Forschungsstation als Naturlehrwald.

wald erstreckt sich eine gerodete Fläche, auf der uns im leichten Wind Roter Fingerhut mit seinen glockenförmigen Blüten zunickt.

Dort halten wir uns an einer Kreuzung rechts, auf dem Premiumwanderweg, der nach kurzer Zeit im Wald an einer Gabelung links abschwenkt. Wir erreichen den Waldrand, an dem sich linker Hand Felder erstrecken. Dort wählen wir an einer Kreuzung den Feldweg geradeaus. Etwa in der Hälfte eines Feldes führt rechts ein Pfad, auf den uns die **W**-Markierung aufmerksam macht, in einen lichtdurchfluteten Wald aus niedrigen Birken, Eichen, Edelkastanien und Traubenkirschen. Nachdem wir an einer Gabelung dem Premiumweg nach links gefolgt sind, mäandert er an einem kleinen linken Abzweig vorbei und unter alten Buchen und Douglasien hindurch. An einem T-Abzweig erreichen wir links die **Einmündung Obere Heide/Heesweg.** Wir folgen einem unbefestigten Weg gegenüber. Er zieht sich geradeaus an einer Lichtung entlang und verläuft in schwungvollen Bögen durch ein zerfurchtes Waldgelände. An einem Wiesenhang

Haus Wildenrath

Für die Seele

Im von Bächen und Moor geprägten Birgelener Wald werden einer Wallfahrtskapelle Wunder nachgerühmt. Unserer Seele tut der Weg dorthin einfach gut.

vorbei führt er leicht abschüssig zu einem Abzweig nach links, der weiterhin mit dem **W** markiert ist. In dem nun folgenden urigen Waldstück sind umgestürzte Bäume und abgebrochene Äste die Lebensgrundlage für zahllose Organismen.

An einem eingezäunten Gelände vorbei folgen wir dem von Wurzeln durchzogenen, weichen Pfad und biegen nach einer Weile an einer Kreuzung links ab. Es geht stetig aufwärts. Der rechte Abzweig an der nächsten Kreuzung mutet wie eine unebene Rinne an, die abschüssig und unbefestigt geradewegs und an einem rechten Abzweig vorbei auf die Straße **Entenpfuhl** trifft. Diese bringt uns rechts an einer Pferdekoppel mit einer mächtigen Lärche vorbei. Hinter einem frei stehenden Haus führt die Straße geradeaus in einen Wald, in dem an einer Bank links ein ansteigender Pfad abzweigt. Er führt im Rechtsbogen um den **Jugendzeltplatz Birgelener Wald ❸** herum, an dessen umzäuntes Gelände sich eine Wiese anschließt. Dahinter zweigt unser Weg rechts ab. An einer Gabelung neben der Wiese halten wir uns auf unserem Wanderweg rechts und an einem T-Abzweig links. An einem Friedhofsgelände vorbei, das sich am rechten Wegrand erstreckt, geht es durch einen Mischwald zu einem T-Abzweig. Hier folgen wir links dem Premiumwanderweg. Über eine Kreuzung hinweg wandern wir geradeaus weiter.

Ein kleiner Betonblock mit einer fein gemeißelten Kreuzigungsszene überlässt seine Entstehungsgeschichte unserer Fantasie.

Geradeaus liegt an einer Kreuzung das **Birgelener Pützchen**. ❹ Im Halbrund sind Bankreihen vor der Wallfahrtskapelle aufgestellt, die 1795 erbaut und 1933 erweitert wurde. Über dem Portal steht „Kinder Mariens, eilt zur Mutter der Gnaden", darüber schützt ein Glaskästchen ein Marienbild. Das mineralreiche Wasser aus einem Brunnen – dem Pützchen – soll Augenleiden lindern. Amtlich belegt kommen seit 1718 Pilger hierher, weil der Ort wohl auch sonst Wunder wirkt. In dem winzigen Kirchenraum drücken jedenfalls unzählige Wandtafeln die innerste Überzeugung der Gläubigen aus, die der Gottesmutter für erfolgte Hilfe danken.

Wir verlassen die Stille der Kapelle und folgen nun an der Kreuzung links unten einem Kreuzweg. Zwar laufen wir gegen dessen Richtung und kommen auch nicht an allen Stationen vorbei. Doch die von weißen Betonhalbschalen behüteten Bronzeskulpturen spiegeln eine so anrührende Trauer wider, dass sie unsere Seele zum Schwingen bringen. Sie geben der Redewendung „Das eigene Kreuz tragen" einen tieferen Sinn.

Im **Naturschutzgebiet Birgelener Bach/Birgelener Pützchen** ❺ bringt uns an einer Bank der zweite rechte Abzweig als **Pilgerweg St. Marien** ❻ hinauf zum Friedhofsberg. ❼ Wir steigen hinter einem Holztor die Stufen hinauf zur Grabkapelle der Freiherren von Leykam, die seit 1872 eine Kirche aus dem 13. Jahrhundert ersetzt. Auf dem Friedhof bezeugen Grabinschriften, die bis ins 17. Jahrhundert zurückreichen, eine Wertschätzung des Vergänglichen.

Wir gehen durch das Tor zurück und dahinter rechts weiter. Links unten sehen wir eine Straße, wählen aber oben rechts den Premiumwanderweg, dessen Markierung wir an einer Verzweigung rechts und an drei weiteren links im Auge behalten. Abwärts kommen wir zur **Kreuzung Am Kämpchen/Entenpfuhl.** Geradeaus folgen wir einer Straße mit einem Durchfahrtverbot. Bald begleitet uns der Birgelener Bach, den wir auf einem Steinbrückchen überqueren. Von Hecken umgeben erreichen wir die **Sandstraße** und folgen ihr

Den Kreuzweg zum Birgelener Pützchen gibt es seit 1910, die Bronzeplastiken wurden 1974 vom Bildhauer Bernhard Wehling neu gestaltet. Solche Stationswege gründen auf der Idee des heiligen Franz von Assisi, der Jesu Spuren folgen wollte. Sie laden Christen zur inneren Einkehr ein.

nach links. An einigen großen Findlingen geht es von einem Holzgeländer gesichert rechts steil hinauf auf den **Dänneberg.** Die Natur hat sich seit dem Zweiten Weltkrieg längst das als **Bodendenkmal** ausgewiesene Relikt des **Westwalls** ❽ zurückerobert, zu dem eine Schautafel Auskunft gibt. Die zwischen 1938 und 1940 errichtete militärische Befestigung reichte von Kleve bis Basel. Auf dem Dänneberg wurden wegen der strategisch guten Lage über dem Rurtal mehrere militärische Bunker errichtet, um Angriffe der Alliierten zu erschweren.

Wir biegen links in einen quer verlaufenden Pfad ein, wo wir auf einer Bank den Blick über die Bäume ins idyllische Rurtal genießen.

Wir halten uns an einer Wegteilung links. Kurz vor einer Straße biegen wir rechts auf einen steil ansteigenden Pfad ein und nutzen Baumwurzeln als Tritthilfen. An einem T-Abzweig geht es links hinauf weiter. An einem weiteren T-Abzweig orientieren wir uns ebenfalls nach links. Der Premiumwanderweg führt an einer Viehweide entlang und schwenkt dahinter links ab. An einer Kreuzung folgen

Grabkapelle Friedhofsberg

wir dem **W** weiter geradeaus, wandern vor einer Wiese rechts ab und geradeaus weiter durch den Wald. An einer Gabelung halten wir uns rechts und verlassen hier den Premiumwanderweg, der nach links verläuft. Leicht aufwärts erreichen wir einen breiten Schotterweg. Wir wenden uns nach rechts und gelangen neben einer Bank an einem **rot-weißen Wegepfosten** links tiefer in den Wald. Zwei rechte Abzweige

Der Schaagbach mündet in den Niederlanden in die Rur, die im belgischen Hohen Venn entspringt. Sie speist die Talsperren der Nordeifel und fließt nach etwa 160 Kilometern in den Niederlanden bei Roermond in die Maas.

ignorieren wir. Nachdem wir an einem T-Abzweig rechts abgebogen sind, entscheiden wir uns kurz danach für den mittleren von drei Wegen, die vor uns liegen. Im sanften Auf und Ab wandern wir über eine Kreuzung geradeaus durch einen schönen Baumarten-Mix.

In einem verwunschenen Auenwald überqueren wir den Schaagbach, schauen eine Weile auf das träge fließende Wasser und genießen die beruhigende Wirkung.

Wenig später biegen wir rechts ab und wandern auf dem asphaltierten **Maas-Niederrheinpad. ⑨** Er erinnert uns daran, dass das Wandervergnügen in diesem Gebiet grenzenlos ist: Wir befinden uns in der Nationalparkregion Meinweg, die sich beiderseits der deutsch-niederländischen Grenze erstreckt. Eine Weile nachdem wir eine **Schutzhütte** passiert haben, halten wir uns an einer Kreuzung rechts und gelangen zu einer Querstraße. Auf der anderen Seite führt uns ein leicht nach rechts versetzter Pfad geradeaus zu einer Gabelung. Links schlängelt sich unsere Route durch im Wind wogende Farnwedel, ein Bach windet sich durch den Waldboden.

An einer Gabelung rechts ab erreichen wir einen langen **Moorsteg. ⑩** Das schwarze Wasser schimmert nur an wenigen Stellen durch die aufrechten Grasbüschel, von denen dieses Niedermoor bedeckt wird. Vor einer geschwungenen Aussichtsbank bringt uns rechts ein Schleichweg durch ein Dickicht, eine wahre Wildnis. An einer Kreuzung geradeaus, dann rechts und vor einem Holzzaun wiederum rechts kommen wir an einer Villa vorbei zur **Hochstraße** und biegen links in sie ein. Wir folgen ihr, bis rechts das bekannte **W** einen Pfad markiert. Ein Damm bringt uns durch einen von Bächen geprägten, morastigen Auenwald. Wir überqueren eine Holzbrücke und wandern eine Weile auf dem Damm weiter, um ihn dann an einem breiten Abzweig links zu verlassen. Nachdem wir uns an einer Gabelung links gehalten

Auszeittour 3

haben, erreichen wir eine weitere Holzbrücke. Hinter einem Holzsteg, der uns durch eine Welt aus Moos und Farn leitet, biegen wir links ab. Eichenäste, die den Weg überspannen, wirken wie schwebende Bauwerke für kleine Waldwesen. Einen Abzweig lassen wir links liegen, wenden uns unmittelbar vor dem vom Hinweg bekannten Holzsteg nach links und hinter einem etwas wackeligen Holzbrückchen nach rechts. An einem Wassergraben steigt links ein Pfad stark an, wo oben links unser **Parkplatz** liegt.

Unsere mit beseelten Momenten angefüllte Waldwanderung lassen wir im etwa 500 Meter entfernten **Restaurant Zur Post** ⑪ ausklingen, das in gemütlicher Atmosphäre leckere bodenständige Gerichte serviert.

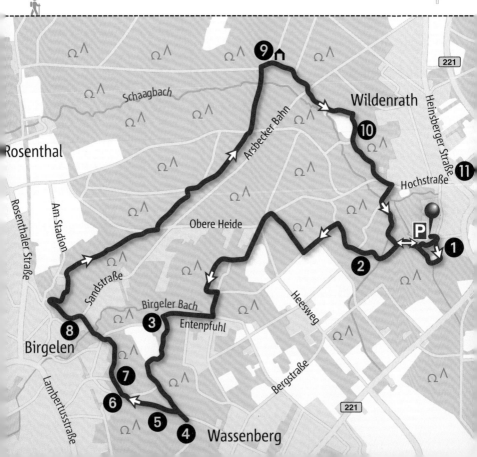

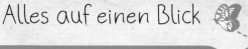

Entspannung ✳ ✳ ✳ ✳ ✳
Genuss ✳ ✳ ✳ ✳ ✳
Romantik ✳ ✳ ✳ ✳ ✳

WIE & WANN:
Befestigte und unbefestigte Wege und Pfade, wenig Asphalt;
einige kurze Streckenabschnitte sind etwas unwegsam und erfordern Trittsicherheit;
beste Zeit von März bis Oktober

HIN & WEG:
Auto: Wanderparkplatz am Haus Wildenrath, Naturparkweg 2, 41844 Wegberg
(GPS: 51.120529, 6.191329)
ÖPNV: RB 34 bis Dalheim; ab dort Bus 413 bis Wildenrath Flugplatz (nur Mo.–Fr. an Werktagen)

ESSEN & ENTSPANNEN:
Rucksackverpflegung nicht vergessen!
Restaurant Zur Post ⓫ Heinsberger Straße 67, 41844 Wegberg, Tel. (0 24 32) 8 91 21 86

ENTDECKEN & ERLEBEN:
Haus Wildenrath ❶
Naturschutzgebiet Helpensteiner Bachtal, oberes Schaagbachtal und Petersholz ❷
Jugendzeltplatz Birgelener Wald ❸
Birgelener Pützchen ❹
Naturschutzgebiet Birgelener Bach/Birgelener Pützchen ❺
Pilgerweg St. Marien ❻
Friedhofsberg ❼
Bodendenkmal Westwall ❽
Maas-Niederrheinpfad ❾
Moorsteg ❿

❁ 11,6 Kilometer
❁ 494 Höhenmeter
❁ 3,5 Stunden
❁ Rundweg

Teufelskanzel
Mythen- und Sagenweg Bad Laasphe

Am **Diakonischen Werk Wittgenstein** vorbei erreichen wir einen Parkplatz und folgen der ansteigenden **Sebastian-Kneipp-Straße.** Rechter Hand liegt auf einem kleinen Hügel die **Berghütte zur Teufelskanzel.** Dort biegen wir links in den geschotterten Wittgensteiner **Panoramaweg** ein. Schloss Wittgenstein, das als Internat dient und einst Wohnsitz der Fürsten zu Sayn-Wittgenstein-Hohenstein war, thront weithin sichtbar auf einem 470 Meter hohen Felsen. Er spielt eine zentrale Rolle in der schaurig-schönen Geschichte des Laaspher Sagenborns, die eine illustrierte Schautafel am Wegrand erzählt.

Wir befinden uns auf dem **Mythen- und Sagenweg,** der mit einem angedeuteten Hügel in einem weißen Kreis auf schwarzem Grund markiert ist und sich an einer Pferdekoppel mit einer alten knorrigen Eiche entlangzieht. Einen Abzweig lassen wir links liegen und nehmen an einer Gabelung den linken festen Schotterweg durch eine Fichtenparzelle. An einer weiteren Gabelung steigt rechts ein Weg im Rechtsschwenk durch Hainbuchen, Fichten, Lärchen, Birken und Ahorne an. Am Waldrand sehen wir wenig später eine Wiese, orientieren uns an einer Verzweigung links und erreichen aufwärts eine Kreuzung. Links bringt uns der Mythen- und Sagenweg im Schatten der Bäume zu einem sonnigen Streckenabschnitt, der von Ginster gesäumt wird.

Das beschilderte **Naturdenkmal Teufelskanzel** ❶, das wir links über einen kurzen Pfad erreichen, entpuppt sich als malerische Felskante. Unter knorrigen Eichen saugen wir die märchenhafte Stimmung förmlich auf.

Zum Naturdenkmal Teufelskanzel erzählt man sich die Geschichte von den zwei Teufelslücken, in denen sich der Böse seit Urzeiten aufhält. Ausführlicher ist die schaurige Sage, die der Heimatkundler Hans Wied aufgeschrieben hat, auf einer Schautafel am Wegesrand nachzulesen.

Nach dem Mini-Abstecher setzen wir unsere Wanderung fort. An den Böschungen lässt uns das schroffe Gestein aus Schiefer und Grauwacke an winzige Steinbrüche denken. Flechten und Pflänzchen, die sich auf dem kargen Untergrund angesiedelt haben, halten wir für echte Überlebenskünstler. Leicht ansteigend verläuft unser fester Weg quer zu einem Hang mit bemoosten Steinen, die wie grüne Samtkissen wirken. Die Waldstruktur bleibt abwechslungsreich. Um uns herum entfaltet das sauerländische Mittelgebirge seinen ganzen Charme.

An einem großen Abzweig halten wir uns links und werden mit einem wunderbaren Bergpanorama belohnt! Der in weiten Schwüngen ansteigende Weg wird überwiegend von niedrigem Ginster und Rotem Holunder gesäumt. An einer Kreuzung geht es geradeaus an einer frisch gerodeten Fläche entlang, die unseren Blick über die bewaldeten Hügel schweifen lässt. An einer Gabelung wählen wir den linken, ansteigenden Zweig. Smaragdgrüne Baumstümpfe ver-

Blick auf Schloss Wittgenstein

❀ Für die Seele

Rund um die Teufelskanzel ziehen uns Mythen in ihren Bann. In einer traditionsreichen Berghütte lassen wir unsere sagenhafte Wanderung ausklingen.

teilen sich in einem Nadelwald, am Wegrand sind krumm gewachsene Laubbäume ein Blickfang.

An einer **Kreuzung mit einer Bank** wenden wir uns nach rechts. Eine Rodung erstreckt sich zu unserer Linken, die von einer ansteigenden Böschung mit Brombeeren und Rotem Holunder abgelöst wird. Immer wieder bieten sich uns traumhafte Ausblicke auf die waldreichen Höhenzüge. Auf dieser leicht abschüssigen Etappe nehmen wir den intensiven, harzigen Duft von Nadelbäumen wahr. Eine echte Aromatherapie!

An einem T-Abzweig biegen wir rechts und gleich danach links ab. Durch einen lockeren Mix aus Ginster, Laub- und Nadelbäumen gelangen wir abwärts zu einer breiten Gabelung, wo uns eine illustrierte Schautafel die Schauergeschichte eines Räuberhauptmannes erzählt. Nachdem wir links abgebogen sind, finden wir uns auf dem beschilderten **Hettmannweg** ❷ wieder. Zu unserer Linken erhebt sich eine Böschung, während rechts ein steiniger Hang stark abfällt.

Schwungvolle Bögen bringen uns aufwärts. Nach einer Weile erstreckt sich rechter Hand ein tief eingekerbtes Tal. Ein Bachlauf unterquert unseren Weg. Uns nimmt dichter Fichtenwald auf, der sehr hohen, schlanken Buchen weicht. Der Wald gleicht einer lichtdurchfluteten Kathedrale. Ungeachtet einiger Abzweige bleiben wir unserem in Bögen ansteigenden Weg treu. Schneisen geben immer wieder die Sicht auf die gegenüberliegenden Hügel frei. Eine sagenhafte Illustration auf einer **Schautafel** stellt den **heiligen Bonifatius** ❸ dar.

Der heilige Bonifatius soll einer Legende nach als Missionar auch im nahe gelegenen Puderbach gewirkt haben. Doch das – so stellt eine Schautafel gleich richtig – stimmt gar nicht.

Wir wandern weiter aufwärts, die niedrigen Bäume spenden uns kaum Schatten. Wir kommen zu einer Kreuzung, an der wir vor einer ausgedehnten Wiese nach links abschwenken werden. Doch zuvor können wir dort einem **Rastplatz unter Rosskastanien ❹** nicht widerstehen. Wir packen unseren Proviant aus und machen ein Picknick. Ein Schild informiert uns, dass wir uns auf der 575 Meter hohen Dreisbachseite befinden.

An der Wiese geht es leicht ansteigend weiter. Nach diesem kurzen sonnigen Abschnitt durchqueren wir einen dunklen Fichtenwald und erreichen einen T-Abzweig, an dem wir uns links halten. An einer Verzweigung teilen sich drei Wege, von denen wir den

Totholz

zweiten rechts wählen und so dem **Mythen- und Sagenweg**
treu bleiben. Er führt uns abwärts durch einen lockeren Fichtenbestand und an einem linken Abzweig
vorbei. Dem nächsten Abzweig folgen wir nach links.
Über einer ausgedehnten Wiese kreist ein Mäusebus-
sard durch die Luft und stößt seine Schreie aus. An
einer **Bank** lesen wir auf einer bebilderten **Schautafel** die
Geschichte vom *Zug der Wildtiere zu den heiligen Wassern.* ❺ Die Jagdkanzel, die sich vor uns in der Wiese
erhebt, will zu der friedvollen Tierzeichnung nicht so
recht passen.

Eine Weile steigt der Mythen- und Sagenweg an
einem mit niedrigen Büschen bewachsenen Hang an.
Bald aber säumen hohe Lärchen und Fichten unsere
Route, am Wegesrand wachsen Heidekraut, Fingerhut und Heidelbeeren. Abwärts geht es an einem mit
Büschen bewachsenen Hang entlang, wo wir einen
rechten Abzweig ignorieren. Zwischen Fichten erheben sich markante Felsformationen. Vor einer Buchenhalle verläuft unser Weg an einer Gabelung im
Rechtsbogen weiter. Das Rauschen der Bäume umhüllt uns, bemooste Baumwurzeln und Steine verteilen sich auf dem Waldboden. Zu dieser mystischen
Stimmung passt perfekt die Sage von den **Todesahnungen des Burgfräuleins,** von denen wir auf einer weiteren
Schautafel erfahren. ❻

Wenig später tritt sehr zur Freude unseres dursti-
gen Terriers neben uns eine kleine Quelle aus dem
Hang. Immer wieder blicken wir auf das Bergpanorama, während sich zu unserer Linken Felsformationen
erheben, die stellenweise mit Moos überzogen sind.
Zwischen den Baumwurzeln wogen zarte Spinnen-
netze in der Brise. Der balsamische Duft von Douglasien umhüllt uns wenig später. Zwischen Fichten mischen sich knorrige Eichen, schlanke Buchen,
biegsame Birken und Lärchen mit kugeligen Zapfen.
Der Weg verläuft eben durch mal sonnige, mal schattige Abschnitte, bevor er uns im Rechtsbogen leicht
abwärts führt. Blaue Glockenblumen nicken uns im

Wind zu. Rechter Hand wird der Mischwald nahezu undurchdringlich, während sich linker Hand ein hallenartiger Buchenwald erhebt. Wir können uns gut vorstellen, dass in diesem verwunschenen Wald der sagenhafte **Wilde Jäger bei Botzebach** ➐ noch immer unter einer Buche Rast macht.

Bevor es wenig später auf der vom Hinweg bekannten Strecke zurückgeht, lädt uns eine Bank am Hang zu einer Verschnaufpause ein. Wir erreichen an der bekannten Gabelung abwärts wieder die Kreuzung, halten uns rechts und an der Pferdekoppel links. Doch wir kehren noch nicht geradeaus zu unserem Auto zurück, sondern suchen die **Berghütte zur Teufelskanzel** ➑ auf. Bei eisgekühlter Kräuterlimonade und einem deftigen Imbiss lassen wir es uns gut gehen.

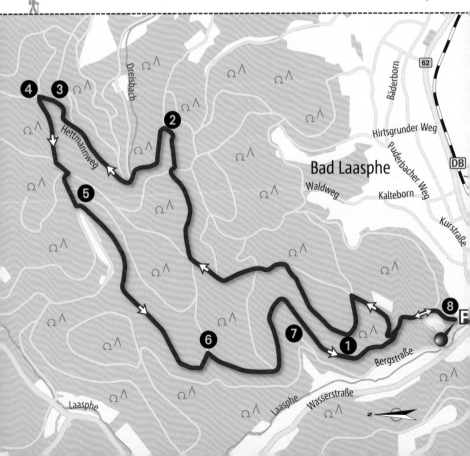

Entspannung ✸✸✸✸✸
Genuss ✸✸✸✸✸
Romantik ✸✸✸✸✸

WIE & WANN:
Geschotterte und feste Forstwege, einige asphaltierte Straßenabschnitte;
besonders schön von April bis Oktober

HIN & WEG:
Auto: Parkplatz an der Berghütte/Lahnklinik, Sebastian-Kneipp-Straße,
57334 Bad Laasphe (GPS: 50.929776, 8.406473)
ÖPNV: mit RB ab Erndtebrück (Anschluss von/nach Siegen Hbf.) nach Bad Laasphe;
knapp 1 km Fußweg (bergauf!) vom Bahnhof zum Ausgangspunkt über Bahnhofstraße,
Turnerstraße, Kurstraße, Sebastian-Kneipp-Straße

ESSEN & ENTSPANNEN:
Berghütte zur Teufelskanzel ❽ Sebastian-Kneipp-Straße 20, 57334 Bad Laasphe,
Tel. (0 27 52) 4 79 68 45

ENTDECKEN & ERLEBEN:
Naturdenkmal Teufelskanzel ❶
Hettmannweg ❷
Schautafel: heiliger Bonifatius ❸
Rastplatz unter Rosskastanien ❹
Bank und Schautafel: Zug der Wildtiere zu den heiligen Wassern ❺
Schautafel: Todesahnungen des Burgfräuleins ❻
Schautafel: Wilder Jäger bei Botzebach ❼

* 7 Kilometer
* 248 Höhenmeter
* 2,5 Stunden
* Rundweg

Farbenzauber

Gleich am Wanderparkplatz lesen wir auf einer Schautafel etwas über die Besonderheiten im **Budden-berg-Arboretum**. ❶ Der Unternehmer Adolf Budden-berg plante den Park mit heimischen und exotischen Pflanzen- und Baumarten, den die Stadt Bad Driburg 1965 anlegte. Hinter einer Wegschranke bringt uns

Farbenzauber
Kaleidoskopweg in Bad Driburg

ein Betonweg hinauf zu einer **Schutzhütte** mit einer ge-schwungenen Ruhebank. Daneben zieht uns auf dem **Kaleidoskopweg** ein Combiskop magisch an. Wie eine Zauberröhre zerlegt ein Spiegelprisma die Landschaft und verleiht ihr mit beweglichen bunten Glasteilchen neue Strukturen. Es ist faszinierend, wie sich die blu-menartigen Bilder bei der leichtesten Drehung verän-dern.

Unmittelbar nachdem wir die Schutzhütte links hinter uns gelassen haben, zweigt links ein stark an-steigender, als **Arboretum-Rundweg** markierter Pfad vom Betonweg ab. In Spitzkehren geht es an Ruhebänken vorbei hinauf in einen Wald. Oben laufen wir unmit-telbar auf eine **Schutzhütte** ❷ zu, deren Dach eine **Glas-bläser-Figur** aus Metall ziert. Von hier schweift unser Blick über die alte Glasbläserstadt Bad Driburg.

An der Verzweigung hinter der Hütte folgen wir dem ansteigenden Wanderweg durch eine beeindru-ckende Artenvielfalt aus Buche, Ahorn, Fichte, Lär-che, Birke, Esche und Eiche. An einem T-Abzweig entscheiden wir uns für den etwas holprigen rechten Weg und bleiben an der nächsten Möglichkeit links

Der Kaleidoskopweg verbindet als Qualitätswanderweg in zwei Schleifen das Arboretum mit dem Rosenberg. Mit einem Spiel aus Glas und Licht greift er die Bad Driburger Kulturgeschichte auf, die seit Jahrhunderten von der Glas-herstellung geprägt wird.

In Flaschen abgefülltes Wasser aus Driburg war im Ausland schon beliebt, als der Oberjägermeister Graf von Sierstorpff die Quellen 1781 kaufte und ein Kurbad gründete. Der Bedarf an Trinkbechern und pharmazeutischen Behältnissen kurbelte die Glasproduktion in der Stadt weiter an.

dem **Kaleidoskopweg** treu. In einen quer verlaufenden Weg biegen wir links ein. Vor uns liegt eine Landschaft mit weiten Wiesen und Feldern, die von einem bewaldeten Höhenzug begrenzt werden. Diese Aussicht lässt sich wunderbar auf einer geschwungenen Bank genießen, neben der bunte Flüssigkeiten in einem **Zeitlupen-Kaleidoskop ❸** die Landschaft in ein Fantasiebild verwandeln.

Zwischen Waldrand und Wiesen erreichen wir eine weitere Bank, an der ein Pfad links abknickt und in einen Querweg mündet. Rechts ab gelangen wir zum markierten höchsten Punkt des **Steinbergs ❹** mit einer Höhe von exakt 292,2 Metern. Ein Schaukasten zeigt wenig später einen Querschnitt durch ein um 1500 vor Christus angelegtes **Hügelgrab ❺**, eines von mehreren in diesem Gebiet. Ein kurzer Pfad links leitet uns

dorthin. Historisch Bedeutsames entdecken unsere ungeschulten Augen nicht. Aber uns berührt, dass das Grab die Erinnerung an vor Urzeiten verstorbene Menschen wachhält.

Wir setzen unsere Wanderung auf dem Hauptweg fort. Eine **Schautafel** klärt über die Bedeutung der **Hügelgräber am Steinbergkamm** auf. Dort nimmt uns rechts ein

 ## Für die Seele

Kaleidoskope zaubern fließende Farbenspiele, während wir auf gräflichen Spuren wandern. Und im Arboretum betören nicht nur Flügelnuss und Kuchenbaum.

Abzweig zwischen einem Zaun und dem Grabhügel mit in einen lauschigen Wald. Vor der bereits bekannten Bank folgen wir scharf links einem abschüssigen Weg. Bäume stehen dicht gedrängt und verwehren uns jeden Weitblick, während uns der unbefestigte Weg zu einer Schutzhütte mit einem weiteren Kaleidoskop leitet. Rechts bringt uns der abschüssige **Arboretum-Rundweg** in einer spitzen Rechtskehre an einer Streuobstwiese entlang. Hier stehen überwiegend Holzapfelbäume, die als Stammsorte der heutigen Kulturäpfel gelten. Der heimische Baumbestand wird durch Gehölze wie Taschentuchbaum, Japanische Flügelnuss, Baum-Hasel und Krim-Linde bereichert.

Wiederum rechts durchqueren wir eine geöffnete Wegschranke und laufen am Waldrand entlang. Vor einer ausgedehnten Grünlandfläche steht ein weiteres **Kaleidoskop.** Im Linksschwenk geht es zwischen von Hecken gesäumten Feldern hinab. Wir biegen links in eine schmale, von Heckenrosen, Weißdorn, Ahorn und Eschen gesäumte Straße ein. Der **Dr.-Rödder-Weg** bringt uns durch eine Siedlung mit einer Ferienresidenz hinab zur Einmündung in den **Steinbergstieg,** wo wir uns nach links wenden. Wenig später steigen wir rechts über Stufen hinab zu einem Freizeitbad an der **Brunnenstraße,** die wir an einer Fußgängerampel überqueren. Wir halten uns erst rechts und biegen dann links auf **Hinter dem Rosenberge** ein. An der Zufahrt der Klinik Rosenberg vorbei erreichen wir rechts **Böhlers Landgasthaus ❻** und danach am Waldrand das **Restaurant-Café Am Rosenberg. ❼** Die Außenterrasse ist verlockend, doch wir betrachten an einem Panoramafenster im gemütlichen Innenraum bei Kaffee und Kuchen die Landschaft.

Als wir die Wanderung fortsetzen, geht der Asphalt in einen angenehm weichen, leicht ansteigenden Weg über. Nachdem wir uns mit einem **Spiegel-Kaleidoskop** beschäftigt haben, gelangen wir in einer Linkskurve tiefer in den Wald hinein. An der Gabelung mit einem **Sphäriskop** biegen wir links und an der nächsten Möglichkeit rechts ab. An einer Kreuzung ragt ein **Obelisk** auf, der hier auf dem etwa 260 Meter hohen Rosenberg zu Ehren des Kurbad-Gründers Caspar Heinrich Graf von Sierstorpff aufgestellt wurde. Ein schmiedeeiserner Zaun umschließt einen klei-

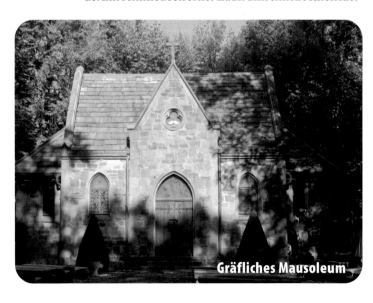

Gräfliches Mausoleum

Damwild im gräflichen Wildgehege

nen Friedhof, hinter dem sich das aus Sandstein erbaute gräfliche **Mausoleum** ⑧ erhebt. Wir genießen eine Weile die Ruhe an diesem Ort der Erinnerung.

Zurück an der Kreuzung, sehen wir vor uns drei Wege, von denen wir den mittleren, den abschüssigen Pilgerweg, nehmen. Unbeirrt geradeaus erreichen wir eine **Schutzhütte** mit einem **Wippenkaleidoskop.** Ein Maschendrahtzaun begrenzt das **gräfliche Wildgehege.** ⑨ Wir ignorieren einen linken Abzweig und wandern weiter geradeaus. Unter alten Bäumen ruhen im Wildgehege zwei Damhirsche mit mächtigen Geweihen. Von einer Bank blicken wir hinab auf den gräflichen Park, der sich mit einem romantischen kleinen See unterhalb des Wildgeheges erstreckt. Dahinter leuchtet in strahlendem Weiß das Hotel Gräflicher Park Health & Balance Resort, das wie ein Schloss anmutet und ursprünglich als Kuranlage diente.

Wir lauschen dem sachten Rauschen der Buchen im Wind, nehmen die flirrenden Sonnenstrahlen wahr, deren Helligkeit durch das grüne Blätterdach gemildert wird, und lassen unsere Schritte von einer

Blick auf den gräflichen Park

Arboretum

abschüssigen Rechts-Links-Kurve beflügeln. An einer Verzweigung folgen wir rechts dem **Kaleidoskopweg** und verlassen ihn in einer Linkskurve geradeaus. Ein unbefestigter Weg verläuft am Zaun des Wildgeheges entlang zum Eingang des **gräflichen Parks.** ⑩ Der kostenpflichtige Besuch ist unbedingt lohnenswert, doch unsere Wanderung geht links weiter. Ein kurzes Stück werden wir von einem Bach begleitet. Nach einer Weile erreichen wir die vom Hinweg bekannte Klinikzufahrt, wenden uns nach rechts und überqueren wieder an der Fußgängerampel die Brunnenstraße. Über die Stufen geht es zurück zum **Steinbergstieg** und dort rechts ab.

Auf der gegenüberliegenden Straßenseite liegt die **Pension Falkenhöhe.** Wir halten uns rechts, wo unmittelbar hinter der Auffahrt zur Pension das **Arboretum** an einer scharf links abknickenden Hauszufahrt ausgeschildert ist. Dort führt zwischen zwei Häusern hindurch ein mit Kieselsteinen befestigter Weg über flache Stufen aufwärts. Einen Abzweig lassen wir links liegen und steigen den Steinbergstieg hinauf zu einem Querweg. Links folgen wir einem Schild in Richtung **Arboretum Ostteil.** In den nächsten Querweg schwenken wir rechts ein und nehmen an einer Gabelung den unteren, linken Zweig. Kurz vor der bekannten Schutzhütte gibt eine **Schautafel** vor einer Felswand Informationen zum **Kalk-Buchenwald.** ⑪ Bevor uns rechts der abschüssige Betonweg zum Parkplatz bringt, tanken wir auf der geschwungenen Liegebank unter Bäumen frische Energie für unseren Heimweg.

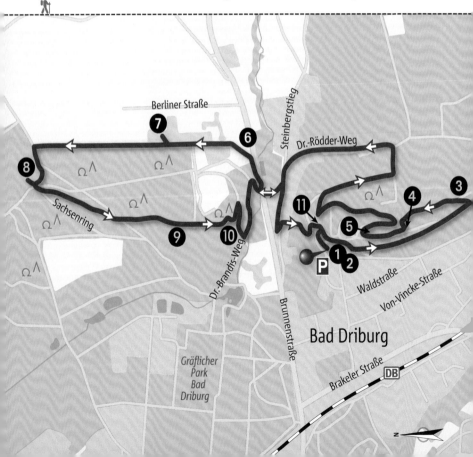

WIE & WANN:
Schotter- und Waldwege, wenige steile Anstiege, einige Stufen und asphaltierte Straßenabschnitte; ganzjährig interessant

HIN & WEG:
Auto: Parkplatz Buddenberg-Arboretum, Hufelandstraße, 33014 Bad Driburg (GPS: 51.7323 9.0373)

Entspannung ✦✦✦✦✦
Genuss ✦✦✦✦✦
Romantik ✦✦✦✦✦

ÖPNV: RRB 84 bis Bad Driburg; knapp 1 km Fußweg vom Bahnhof bis zum Ausgangspunkt über die Hufelandstraße

ESSEN & ENTSPANNEN:
Böhlers Landgasthaus ❻ Hinter dem Rosenberge 2, 33014 Bad Driburg, Tel. (0 52 53) 12 35, www.hotel-boehlers.de
Restaurant-Café Am Rosenberg ❼ Hinter dem Rosenberge 22, 33014 Bad Driburg, Tel. (0 52 53) 9 79 70, www.hotel-am-rosenberg.de

ENTDECKEN & ERLEBEN:
Buddenberg-Arboretum ❶
Schutzhütte mit Glasbläser-Figur und Blick auf Bad Driburg ❷
Zeitlupen-Kaleidoskop ❸
Höchster Punkt des Steinbergs ❹
Bronzezeitliches Hügelgrab ❺
Mausoleum und Obelisk ❽
Gräfliches Wildgehege ❾
Eingang zum gräflichen Park ❿
Schautafel zum Kalk-Buchenwald ⓫

Sieben Jungfrauen

✶ 11,8 Kilometer
✶ 258 Höhenmeter
✶ 3,5 Stunden
✶ Rundweg

Am Parkplatz lassen wir die Bahngleise links liegen und unterqueren sie durch eine Unterführung. Gleich dahinter links nimmt uns neben einer Schützenhalle die **Sauerland-Waldroute** auf, die auf insgesamt 240 Kilometern eine einzigartige Tier- und Pflanzenwelt bietet und der wir auf einer kleinen Etappe folgen werden.

Mystische Momente
Im Hönnetal

In einer Wiese sorgt im Naturschutzgebiet Hönnetal unter einer Eiche der **Hönnetaler Wetterstein** für heitere Gedanken. Die Initiatoren wünschen sich – so haben wir gelesen –, dass Wanderer selbst herausfinden, was es damit auf sich hat.

Die Hönne, ein 34 Kilometer langer Nebenfluss der Ruhr, entspringt am Hohen Attig und prägt eine der bedeutendsten deutschen Karstlandschaften. Zeitweise verschwindet sie in einem Höhlensystem in viele Millionen Jahre altem Kalkgestein, um danach wieder oberirdisch durch ihr steiniges Bett zu fließen.

Unter knorrigen Bäumen wandern wir zwischen der Hönne und einer moosbezogenen Natursteinmauer, auf der über unseren Köpfen die eingleisige Trasse der Hönnetal-Bahn verläuft. Ein Bach unterquert unseren ansteigenden, mit Buchenlaub bedeckten Weg. Die Gleise verlaufen nun durch ein schmales Tal neben uns. Zu unserer Rechten erstreckt sich eine weitläufige Grünfläche, begrenzt vom Fluss. Sträucher bilden einen grünen Blättertunnel, der von schlanken Laubbäumen abgelöst wird. Der Fluss umfließt erneut eine große Wiese, die Bahntrasse verläuft wieder über unseren Köpfen. Während wir unter dichten Baumkronen den Schatten genießen, wird unser ansteigender Pfad schmal und steinig. Neben uns erheben sich im Wald markante Felsen.

Wir ignorieren einen Abzweig scharf rechts hinab zum Flussufer. Vor uns liegt an einer Gabelung rechts

Panoramatour 6

das einige Gehminuten entfernte **Hotel Restaurant Haus Recke.** Da wir aber für eine Einkehr noch zu wenig Hunger haben, schwenken wir links in Richtung **Brockhausen** in eine Wildblumenwiese und unmittelbar vor dem Bahngleis rechts ab. Ein etwas unwegsamer schmaler Pfad bringt uns zur Hönne, an deren Ufer wir links eine niedrige Bahnbrücke unterqueren. Dem Lauf des Flusses folgend treffen wir auf eine schmale Straße, überqueren sie und passieren geradeaus eine rot-weiße Schranke. In einem Mischwald ragt zur Linken ein Felshang auf. Stufen leiten uns rechts hinunter ans Flussufer, über das sich urig gewachsene Bäume neigen. In ihrem Schatten wandeln wir unmittelbar

Waldwiesen

an der Hönne entlang. In dieser wunderbar lauschigen und erfrischenden Stimmung kommt eine Ruhebank wie gerufen.

Weiter hinauf treffen wir auf einen quer verlaufenden Schotterweg, dem wir rechts folgen. Unter uns rauscht die Hönne durch das nach ihr benannte felsenreiche Naturschutzgebiet. Unglaublich eigentlich,

Für die Seele

Im malerischen Hönnetal erliegen wir dem schroffen Charme der Sieben Jungfrauen und spüren in einer Felsenhöhle einer uralten Kulturgeschichte nach.

dass ein so friedlich wirkender Fluss eine Landschaft mit Höhlen und Felsen derartig auswaschen und zu einem Tal mit rund 50 Meter hohen Felswänden umgestalten konnte. Am anderen Ufer sehen wir den historischen Bahnhof Binolen, für dessen Erhalt als Kulturbahnhof sich ein Förderverein einsetzt. Gerade jetzt aber fühlen wir uns von kulturellen Belangen ganz weit entfernt und genießen es einfach, mitten im Herzen der Natur zu sein.

Wir durchschreiten einen natürlichen Laubengang aus Haselsträuchern, unter denen sich morsche Baumstämme und Äste verteilen. Für das smaragdgrüne Moos, das sie überzieht, sind sie genau wie für zahllose Insekten ein lebensnotwendiger Wohnraum. Ein Specht, den wir irgendwo in unserer Nähe hören, verfolgt mit seinem Hämmern unterschiedliche Ziele: Er grenzt sein Revier gegen Konkurrenten ab, zimmert Bruthöhlen für den Nachwuchs und weiß instinktiv, dass sich Weibchen nur durch einen ordentlichen Trommelwirbel bezirzen lassen.

An einer Gabelung biegen wir rechts ab. Sonnenstrahlen verwirbeln zwischen Fichten zu einem diffu-

sen Licht. Unterhalb einer kargen Felswand durchstreifen wir einen märchenhaften Wald. Als Markenzeichen führt die Sauerland-Waldroute den Zusatz „zauberhaft mystisch" – und macht hier ihrem Namen alle Ehre. Mit flaschengrünem Moos bewachsene Findlinge bedecken einen Hang, der sich zur Hönne hin absenkt. Wir unterqueren eine Steinbrücke. Dahinter ragt im Wald imposantes Gestein auf, während sich auf der anderen Seite eine Wiese zwischen uns und den Fluss schiebt.

Unverhofft ragen vor uns die **Sieben Jungfrauen** ❶ auf, die als bemerkenswerteste Felsformation im Hönnetal gelten. Die **Felsglotze** fasst wie ein Bilderrahmen einen Teil der sagenumwobenen Gesteinskulisse ein und fokussiert unseren Blick. Wir staunen, wie beharrlich die Natur diese Landschaft seit Millionen von Jahren gestaltet.

An der Kreuzung setzen wir links unsere Wanderung auf einem ansteigenden steinigen Weg fort. Kühn thront die im Jahr 1353 erbaute **Burg Klusenstein** ❷ in einiger Entfernung auf einer Felskante. Sie war einst ein Grenzposten zwischen den benachbarten Grafschaften Mark und Arnsberg sowie dem angrenzenden Kurköln.

Plötzlich spüren wir einen Hauch von Kälte … Wie ein breit geöffneter Schlund liegt der Eingang der **Feldhofhöhle** ❸ vor uns. Im Dämmerlicht gleicht ihr Portal mit einem relativ hohen Deckengewölbe einer Grotte. Fakten nennt eine Schautafel: Im 19. Jahrhundert baute man das phosphatreiche Material als Dünger ab. Auch von Funden steinerner Werkzeuge ist die Rede, die vor Jahrtausenden den Neandertalern gehörten. Zudem zählt sie mit 95 Metern Länge zu den größten Höhlen im Hönnetal. Doch der von Naturkräften geschaffene Ort verbirgt so viele seiner Geheimnisse vor uns. Wie viele Jäger, Sammler, Wanderer haben in den vergangenen Jahrtausenden an diesem Rückzugsort Schutz gesucht? Wo kamen sie her, was war ihr Ziel? Wir merken, dass wir in der küh-

Einst warben sieben Jungfrauen um den Ritter von Burg Klusenstein. Weil er sie abwies, sollte ein Zauberpulver ihre Attraktivität steigern. Stattdessen wurden sie unförmig, riesengroß und erstarrten zu Stein. Die Felsglotze rückt die Sage über diese Felsen ins rechte Bild.

len Stille der Höhle wunderbar abschalten, weil unsere Alltagsgedanken hier keinen Raum finden.

Von der Mystik der Höhle noch ganz eingenommen, wandern wir weiter durch das felsenreiche Waldgelände und lassen uns auf einem nahezu baumfreien, mit Gräsern bedeckten Plateau von der Sonne wärmen. Bald darauf nehmen uns eng stehende Buchen auf. An einem Holzlagerplatz gelangen wir rechts abwärts in einen von Ahorn dominierten Wald. An einer Gabelung geht es links weiter. Während unser Blick rechter Hand über eine ausgedehnte Wiese mit einer mächtigen Eiche schweift, lädt links eine **Waldbühne 4** dazu ein, Kasperletheater zu spielen – gemeinsam mit dem Polizisten und dem Krokodil, die als Holzfiguren dort bereitliegen.

Uns schenkt links der ansteigende Wanderweg **V 1** zwischen Lärchen und Kiefern das Panorama einer

Waldbühne

Hügellandschaft mit Wäldern und Wiesen. An einer Verzweigung geht es rechts etwas holprig zwischen alten Buchen hinab, deren Laub unter unseren Füßen raschelt. Einen Abzweig lassen wir links liegen und erreichen geradeaus eine Lichtung mit einer Jagdkanzel. Wir ignorieren den links abknickenden, als V 1 markierten Pfad und bleiben geradeaus unserem Weg treu.

Das faszinierende Spiel aus Licht und Schatten lässt uns in einem Fichtenwald eine Weile anhalten. Am Wegrand liegen Holzstapel, aber wenige Schritte später weist ein Schild auf ein Quellgebiet hin, in dem die Lagerung von Holz nicht erlaubt ist. Wir kommen an einer Schonung vorbei und wählen an einer Gabelung links den abschüssigen Weg. An einem linken Abzweig steht eine Bank, wir aber folgen geradeaus einer schmalen Asphaltstraße. Am Rand einer Wiese sehen wir vor uns einige Häuser, biegen aber lange vorher an einem Holzzaun rechts in einen ansteigenden Schotterweg ein.

Wir hören die **Ruthmecke,** bevor wir den Bach in seinem kleinen bewaldeten Kerbtal sehen. Seine Quelle hat Trinkwasserqualität und wird in die Gewinnungsanlagen der Stadtwerke Balve eingespeist. Bachaufwärts verläuft ein fester Weg, den wir an einem breiten Abzweig links verlassen. Am anderen Bachufer folgen wir einem abschüssigen Forstweg und überqueren die Ruthmecke erneut. Zwischen Wald und Wiese bleiben wir in Bachnähe, bis wir uns an einer rot-weißen Wegschranke im Linksbogen von ihm entfernen. Die unbeschilderte Straße **Glashütte** nimmt uns rechts mit durch eine kleine Siedlung und wird von einem weiteren Bach unterquert. Er fließt, von Mauern begradigt, durch die Gärten hinab zur Hönne.

Wir aber kehren geradeaus zu unserem Parkplatz zurück und fahren zum **Hotel Restaurant Haus Recke ❺**, wo wir unseren mystischen Waldwandertag gemütlich ausklingen lassen. Dort liegt übrigens der Eingang zur **Reckenhöhle.** Das Heilklima in der Tropfsteinhöhle, in der regelmäßig Führungen angeboten werden, wird für therapeutische Angebote genutzt.

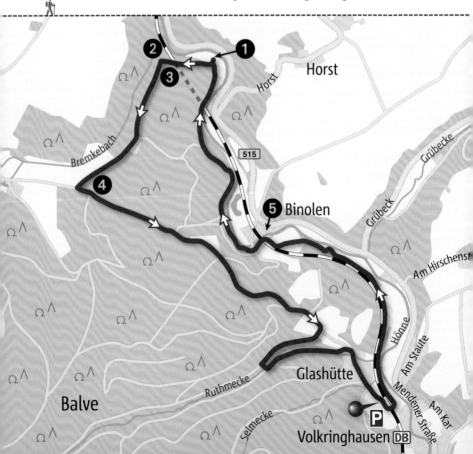

WIE & WANN:
Befestigte und unbefestigte Wege und Pfade, einige asphaltierte Streckenabschnitte; ganzjährig interessant

HIN & WEG:
Auto: Parkplatz Glashüttenweg, 58802 Balve (am Schützenhaus vorbei, hinter der Bahnunterführung; GPS: 51.361776, 7.870718)

Entspannung ✶✶✶✶✶
Genuss ✶✶✶✶✶
Romantik ✶✶✶✶✶

ÖPNV: RB 54 (Hönnetal-Bahn) bis Volkringhausen

ESSEN & ENTSPANNEN:
Hotel Restaurant Haus Recke ❺ Binolen 1, 58802 Balve, Tel. (0 23 79) 2 09, www.haus-recke.de

ENTDECKEN & ERLEBEN:
Felsglotze/Sieben Jungfrauen ❶
Blick auf Burg Klusenstein ❷
Feldhofhöhle ❸
Waldbühne ❹

* 14,3 Kilometer (mit Abkürzungsmöglichkeit)
* 605 Höhenmeter
* 4 Stunden
* Rundweg

Der Schutzhütte am Wanderparkplatz kehren wir den Rücken zu und wählen an einer Gabelung links den mit einem Holzschild markierten **Höhenweg.** Zwar dient er ausschließlich als Land- und Forstwirtschaftsweg, darf aber laut einem Hinweis auch von Mitarbeitern des WDR befahren werden. Einen brei-

Naturjuwelen
Im Naturpark Ebbegebirge

ten Abzweig lassen wir links liegen, um danach links dem beschilderten **Panoramaweg** zu folgen. Er bietet uns eine bezaubernde Kulisse mit baumreichen Hängen und weiten Wiesen. Rechter Hand nehmen wir dagegen die Welt im Kleinen wahr: Zwischen Heidelbeeren und Gräsern erheben sich Baumstümpfe, die mit grünen Mooshauben aussehen wie flauschige Kissen. Und tatsächlich sind sie für unzählige Organismen ein wohnliches Biotop.

Zwischen Lärchen gelangen wir hinauf zu einem Wiesenhang. Ein Windsack gibt Gleitschirmfliegern Auskunft über Windstärke und Windrichtung. Da an diesem windstillen Tag außer uns niemand hier ist, genießen wir in Ruhe auf einer geschwungenen Bank die Aussicht ins Tal. Danach geht es weiter sanft aufwärts durch Lärchen, Birken, Buchen, Rosskastanien und Fichten. In einer Rechtskurve zweigt links der beschilderte **Roteichenweg** ab. Er bringt uns abwärts durch einen Mischwald, den zunehmend Roteichen dominieren. Die nordamerikanische Baumart kommt zwar namentlich zu Ehren, spielt aber insgesamt im Ebbegebirge keine große Rolle.

Am Ebbekamm, einem der markantesten sauerländischen Mittelgebirgszüge, herrscht ein raues Klima. Wälder, die im Sommer Wanderer verzaubern, verwandeln sich im Winter in ein Langlaufgebiet. Die 663 Meter hohe Nordhelle ist die höchste Erhebung im Naturpark Ebbegebirge.

Schließlich biegen wir in einer Fichtenparzelle links in einen Querweg ein.

Wir müssen auf das weiße **H auf einer gelben Wandermarkierung** achten, um den nach kurzer Zeit rechts abschwenkenden **Sauerland Höhenflug** nicht zu übersehen. Als grasbewachsener Pfad wird er im leicht buckeligen Gelände zunehmend steinig. Jemand hat auf dem bemoosten Untergrund kleine Steine kunstvoll aufgetürmt. Solche Steinmännchen schützen einer nordischen Sage nach Wanderer vor boshaften Trollen. Da jeder, der mag, einen weiteren Stein hinzufügen darf, ergänzen wir die fantasievolle Gestalt und setzen gut gelaunt und bestens behütet unseren erlebnisreichen Tag fort.

An der Spinne

Vor uns geben die Bäume ein V-förmiges Panorama frei. Nach einem leichten Auf und Ab verläuft der nun breite Weg abwärts zu einem kleinen Plateau, an dem wir rechts abbiegen. Laub raschelt unter unseren Füßen, weit unter uns plätschert ein Bach, dem wir wenig später sehr nah kommen. Er fließt neben uns aus einem felsigen Hang und unterquert unseren

 ## Für die Seele

Wir begeistern uns für die waldreichen Ebbemoore mit ihrer Artenvielfalt und auch für die gemütliche Einkehrmöglichkeit auf der Nordhelle.

Weg, der im Linksbogen abschwenkt. Der Sauerland Höhenflug bringt uns an einer Gabelung rechts hinauf. Schneisen geben die Aussicht auf eine schöne Mittelgebirgskulisse frei. Der Weg verengt sich und mäandert grasbewachsen und steinig durch einen Bewuchs aus Brombeeren und Farn. Leicht ansteigend nimmt er uns mit durch junge Bäume. Baumpilze, die auf umgestürzten Stämmen wachsen, faszinieren uns mit unglaublichen Formen und Farben.

Nach einem längeren Anstieg geht es über einen steinigen und von Baumwurzeln durchzogenen Wegabschnitt leicht abschüssig weiter. Es ist sehr ruhig, lediglich Vogelstimmen sind zu hören. Der angenehm weiche Pfad ohne Steigung lässt uns durchatmen. Unter Fichten mit teils mächtigen Stammumfängen breiten sich verschiedene Moos- und Farnarten aus, daneben Heidelbeersträucher. Dann mündet unsere sanft ansteigende Route in einen Schotterweg. Rechts liegt der **Rastplatz Stahlschmidt.** ❶ Allgemein wird er **„Die Spinne"** genannt, weil hier zahlreiche Wanderwege aufeinandertreffen. Auch wir kommen später wieder hierher zurück. Wer die Tour **abkürzen** möchte, kann

hier im spitzen Winkel rechts abbiegen und in der Wegbeschreibung zu der Stelle springen, an der wir den Rastplatz nochmals berühren. Er spart auf diese Weise knapp 6 Kilometer.

Links ab erreichen wir einen Schutzpilz, an dem ein Holzschild den linken Abzweig als **Höhenweg** benennt. Es ist zugleich der mit einem **umgedrehten T** markierte **Rundweg um Rüenhardt,** der uns um die dritthöchste Erhebung des Ebbegebirges führt. Wir wandern über einen festen Schotterweg aufwärts, an dessen Rändern sich der mit Moos und Gras bedeckte Boden watteweich anfühlt. Auf einer Lichtung wogen Gräser sanft im Wind, Stapel frisch geschlagener Bäume verströmen einen würzigen Duft. Uns überrascht das Spektrum an Grüntönen bei den verschiedenen Nadelbaumarten.

Die Route bietet kaum Schatten. An den Seiten wachsen zwischen im Wind wogenden Gräsern Beifuß, Johanniskraut und Klee. Der Schotterweg verläuft nun in ebenen, sanften Kurven, um uns später abwechselnd leicht auf- und abwärts zu führen. Wir entdecken mehrere große Ameisenhügel am Wegrand. An einem Abzweig mit einem Wegweiser richten wir uns links nach der Wandermarkierung **A9**. Vogelbeeren tupfen fröhliches Orange ins Grün, verschiedene Pilze besiedeln alte Bäume. Der Echte Zunderschwamm beispielsweise, der bevorzugt an Birken und Buchen wächst, lässt sich zum Feuermachen nutzen. Allerdings wagen wir zu bezweifeln, dass uns das gelingen würde …

An einer Kreuzung informiert uns eine **Schautafel zum Naturpark Ebbegebirge ❷,** zu dem auch die Ebbemoore zählen. Rechts bringt uns der **Bärlappweg** durch eine bunte Baumvielfalt. In der leichten Brise nehmen wir den Zitronenduft von Douglasien wahr. Farn und Wasserdost nicken uns am Wegrand zu. Nachdem wir einen Rastplatz mit Tisch und Bänken passiert haben, fangen verdrehte Eichen unseren Blick ein. Hoch über unseren Köpfen breiten Lärchen ihre Äste mit fi-

Die Hang- und Quellmoore im Naturschutzgebiet Auf'm Ebbe sind wahre Juwele. Absterbende Pflanzen lassen eine Torfschicht wachsen, die seltenen Tier- und Pflanzenarten wie Hochmoor-Perlmuttfalter, Moorlilie oder Rundblättrigem Sonnentau einen Lebensraum bieten.

ligranen Nadeln und kugeligen Zapfen aus. Ein weiter Rechtsbogen führt uns an einem Hangmoor entlang, in dem neben Binsen und Seggen auch die seltene Moorlilie gedeiht. Sie blüht im Juli, wir erkennen sie jetzt im Herbst lediglich an ihren spitz zulaufenden grünen Blättern.

Ein Bach fließt unter unserem Weg hindurch ins feuchte Waldgebiet. Zwar ignorieren wir einen rechten Abzweig, jedoch nicht die Bank daneben: Wir nutzen sie für einen kleinen Moment des Nichtstuns. Anschließend begleiten wir einen Bach, der zu unserer Rechten durch einen Birken-Moorwald fließt. Geradeaus kommen wir an einem Rastplatz vorbei. Zweige neigen sich unter der Last der vielen Bucheckern, dunkles Eichengeäst scheint nach uns greifen zu wollen. Unmittelbar bevor wir auf einen breiten Querweg treffen, schwenken wir rechts in einen Pfad ein, den wir fast nur an der **gelben Wandermarkierung** erkennen. Leicht ansteigend nimmt er uns mit in eine tannengrüne Wunderwelt. Zapfen und Nadeln bilden auf dem Pfad eine angenehm weiche Schicht, die unter unseren Füßen wattig nachgibt. Diffuses Sonnenlicht fällt auf samtige Moose und wippende Farnwedel, ein angenehm würziger Duft lässt uns tief durchatmen.

Unsere Route steigt ein kurzes Stück stark an, führt leicht abwärts und erreicht mit Baumwurzeln durchzogen wieder den **Rastplatz „Die Spinne".** Geradeaus am Schutzpilz vorbei überqueren wir einen Weg und wählen unmittelbar danach an der Gabelung rechts den **Höhenweg** in Richtung **Gaststätte Nordhelle.** An einer Verzweigung verlassen wir den asphaltierten Weg nach rechts. Der mit einem **Dreieck** markierte **Nordhangweg** leitet uns durch ein Areal, in dem abgestorbenes Holz zwischen gesunden Bäumen den natürlichen Lebenskreislauf widerspiegelt.

Zu unserer Linken ragt der 150 Meter hohe **Fernmeldeturm Ebbegebirge** ❸ auf, der bald wieder von Bäumen verdeckt wird. Wasserdost, Gräser, Moose und Farn wachsen an einem Hang, an den sich ein Birken-Moorwald mit einer seggenreichen Krautschicht anschließt. In der tief stehenden Nachmittagssonne wirkt die Landschaft nahezu unwirklich. Wir betrachten eine Weile die ungewöhnlichen Wuchsformen der Bäume. Wasser, das an zahlreichen Stellen aus der Böschung

Am Gleitschirm-Übungsplatz

austritt, speist einen Bach, der uns begleitet. Schneisen lassen uns hin und wieder Panoramablicke genießen.

Im Rechtsbogen geht es leicht abwärts. Dem bekannten **Roteichenweg** folgen wir links hinauf. Doch dann biegen wir links in einen Querweg ein, der uns um die Kuppe der Nordhelle herumführt. Eine Beschilderung leitet uns rechts in Richtung Gaststätte Nordhelle. Am WDR-Sendeturm vorbei sehen wir rechts den 1913 erbauten Robert-Kolb-Turm aufragen, dessen Name an den damaligen Hauptwegewart erinnert. Gleich dort, auf der höchsten Erhebung des Ebbegebirges, kehren wir in die urgemütliche **Gaststätte Nordhelle ❹** ein. Später lassen wir einen **Spielplatz** links liegen und erreichen auf dem asphaltierten Zuweg zum Höhenflug geradewegs unseren Parkplatz.

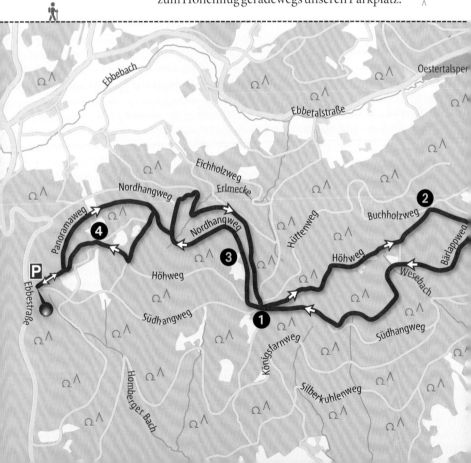

Alles auf einen Blick

WIE & WANN:
Geschotterte, feste und unbefestigte Waldwege, wenige asphaltierte Abschnitte;
beste Wanderzeit von April bis Oktober, im Winter werden Langlaufloipen eingerichtet

HIN & WEG:
Auto: Wanderparkplatz Nordhelle (P 5) an der L 707, 58849 Herscheid (GPS: 51.144922, 7.746994)
ÖPNV: keine direkte Anbindung an die Strecke

Entspannung ✶✶✶✶✶
Genuss ✶✶✶✶✶
Romantik ✶✶✶✶✶

ESSEN & ENTSPANNEN:
Gaststätte Nordhelle ❹ Nordhelle 1, 58849 Herscheid,
Tel. (0 23 57) 38 76 oder 25 71 88, www.gaststaette-nordhelle.de

ENTDECKEN & ERLEBEN:
Rastplatz Stahlschmidt („Die Spinne") ❶
Schautafel zum Naturpark Ebbegebirge ❷
Fernmeldeturm Ebbegebirge ❸

* 13,2 Kilometer
* 359 Höhenmeter
* 4 Stunden
* Rundweg

Am Informationszentrum **Nationalparktor Rurberg** ❶
dienen uns rechts Schilder in Richtung **Anlegestelle
Obersee** und **Urftseestaumauer** als erster Anhaltspunkt.
Ein Damm bringt uns über den **Eiserbachsee.** Dahinter
links überqueren wir den **Staudamm Paulushof.** An der
Kreuzung gleich danach weist ein Holzschild links

Beste Aussichten
Vom Honigberg zur Urfttalsperre

bergauf in Richtung **Hirschley.** Uns nimmt ein steil an-
steigender Felsenpfad auf, der von einem Holzgeländer gesichert wird.

Wir finden uns zwischen schätzungsweise 100
Jahre alten dünnen Traubeneichen wieder, denen
man ihr Alter aber nicht ansieht. Ihnen hat nicht nur
das geringe Nährstoffangebot an diesem Steilhang zugesetzt, sondern auch der Mensch. Eichen wurden bis
Ende des 19. Jahrhunderts zur Lohegewinnung ge-
schält und die Gerbstoffe für die Ledererzeugung genutzt. Die Eichenlohe, für die bäuerliche Bevölkerung
ein wichtiger Nebenerwerb, erlebte Mitte des 18. Jahrhunderts einen großen Aufschwung.

Am Ende des Holzgeländers steigen rechts zahlreiche Trampelpfade steil an, sodass die Orientierung
nicht ganz einfach ist. Wurzeln dienen uns als Stufen,
hier und da geben uns **rote Wandermarkierungen** Hinwei-
se. Wir behalten daher einfachheitshalber das unter
uns liegende Seeufer im Auge, schlängeln uns in Serpentinen nach oben und wählen einen Weg unmittelbar an der rechten Hangkante entlang. An einer kleinen Gabelung verläuft ein abschüssiger Pfad parallel

*Die Rur wird von der Talsperre
Schwammenauel sowie dem
Eiserbach- und Paulushof-
damm aufgestaut – nach dem
Bleilochstausee in Thüringen
der zweitgrößte deutsche
Wasserspeicher. Rursee und
Obersee dienen der Trink-
wasserversorgung sowie
der Wasserstandsregulierung
der Rur.*

zum Seeufer, wird breiter und führt geradewegs hinauf zu einer Wegverzweigung mit einer Bank. Dort wenden wir uns nach rechts in Richtung **Obersee.**

Wir sind auf dem **Honigberg** im Waldkomplex des **Wilden Kermeter.** ❷ Ein Eifel-Ranger erklärt uns, dass der Berg den Namen seiner Glockenform verdankt, die an einen Bienenkorb erinnert.

Nachdem wir einen Laubwald durchquert haben, breitet sich auf scharfkantigen Schieferschichten Besenginster aus, poetisch auch Eifelgold genannt. Rechts fällt ein Steilhang ab. Ganz langsam schlendern wir, weil wir uns nicht sattsehen können an der Schönheit dieser Landschaft: Waldreiche Hügel rahmen die tiefblauen Eifeler Seen, die den Obersee, Urftsee und Rursee umfassen. Was für eine Sehnsuchtslandschaft!

Wir tauchen ein in eine Welt aus gescheckten Ahornstämmen, die dunkelbraunen Fichten gegenüberstehen. Ein Bach rauscht, der wenig später gut sichtbar eine Buchenhalle durchfließt. Unter einem Holzsteg fließt ein anderer Bach hinab ins schmale Kerbtal. Ein Holzschild weist links in Richtung **Hirschley/Kermeter.** Trittsteine helfen uns über einen Bach, der quer über unseren Weg fließt.

Nach wenigen Metern entdecken wir rechts neben uns eine unscheinbare Kuhle. Sie ist das Überbleibsel eines alten **Holzkohlenmeilers.** ❸ Von einem etwas erhöhten Platz direkt daneben konnte der Köhler das schwelende Feuer beobachten und es notfalls mit Wasser aus einem nahe gelegenen Bach löschen. Bereits im 15. Jahrhundert wurden in diesem Gebiet Buchen für die Erzeugung von Holzkohle gefällt, die wiederum für die Eisenerzproduktion benötigt wurde. Als wir mit unseren Fingern im losen Waldboden graben, finden wir kleine Holzkohlenstückchen.

Kurz danach weist uns ein Schild nach rechts in Richtung **Parkplatz Kermeter.** Nadel- und Laubbäume wechseln sich ab mit sonnigen Streckenabschnitten, die von Ginster gesäumt werden. Ein Aussichtspunkt mit Bank legt uns den Urftsee mit der imposanten

Staumauer zu Füßen. Anschließend laufen wir auf eine Kreuzung mit einem Rastplatz zu, biegen aber vorher rechts ab. Einer Infotafel zufolge ist unser nächstes Ziel, die **Urftseemauer**, nur noch 2 Kilometer entfernt. Beschwingt wandern wir hinter einer Holzbarriere über einen schmalen Pfad und freuen uns, dass es ab jetzt bergab geht. Durch zwei weitere Holzsperren

 ## Für die Seele

Den Honigberg hinaufzuwandern ist zwar kein reines Honigschlecken, doch wir werden mit Seenblicken und einer Seelenbaumler-Pause belohnt.

Blick vom wilden Kermeter

bringt uns unsere holprige Route geradewegs zu einem Aussichtsplateau, das wir über Stufen betreten. Unter uns staut eine der ältesten deutschen Talsperren den Urftsee auf. Dahinter erhebt sich inmitten der Mittelgebirgsidylle ein weithin sichtbarer Turm, der zu den größten Gebäudekomplexen der NS-Zeit gehörte. **Vogelsang IP** ist heute ein internationaler Platz für Vielfalt und Toleranz.

Stufen führen links hinab zur Staumauer und zum **Ausflugslokal Urfttalsperre ❹**. Bei einem erfrischenden Getränk beobachten wir das heitere Treiben an der Talsperre und vergessen dabei auf wohltuende Art und Weise die Zeit.

Wer mag, kann hier die **Wanderung** um gut 4 Kilometer verkürzen und mit dem Schiff nach Rurberg zurückfahren.

Alle anderen folgen ebenfalls der Ausschilderung zum **Schiffsanleger,** wir wandern aber an einer **Kreuzung mit Infotafeln** und einem Rastplatz, wo die Schiff-Nutzer links hinunter müssen, geradeaus weiter. Neben uns ruht der von bewaldeten Hügeln gerahmte See, dem wir auf unserer abschüssigen Route immer näher kommen. Am Ufer, von dem uns nur noch ein niedriger Steilhang trennt, strecken Hainbuchen, Erlen und Weiden ihre Äste weit über das Wasser. In einer

Urftstaumauer

Rechtskehre finden sich am Ufer Reste eines Bunkers, aber auch Spuren der Biber, die nachts Baumstämme durchnagen.

In einer ruhigen Bucht schweben Seerosen auf dem glasklaren Wasser. Bänke schenken uns Seeblicke. Passagiere winken uns von einem Ausflugsschiff namens „Seensucht" zu.

Diese Wortspielerei passt wunderbar zu einem Tag mit besten Aussichten. Ja, unsere Wanderung hat uns süchtig gemacht nach den Seen der Eifel. Wir spüren Sehnsucht nach mehr von der traumschönen Landschaft. Schließlich neigt sich aber auch dieser Waldtag seinem Ende zu. Wir erreichen über den **Staudamm Paulushof** und danach rechts über den **Eiserbachseedamm** den Parkplatz am Nationalparktor Rurberg.

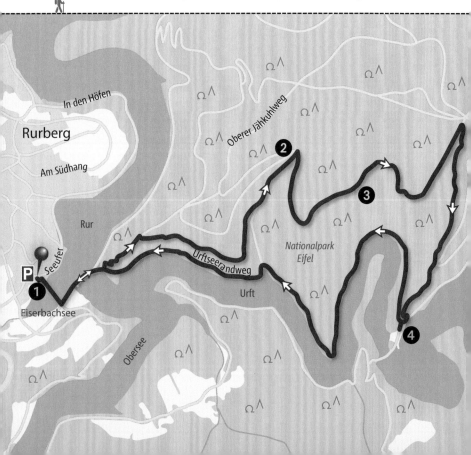

Alles auf einen Blick

WIE & WANN:
Feste Waldwege und unbefestigte Pfade sowie einige asphaltierte Streckenabschnitte;
beste Wanderzeit von April bis Oktober

HIN & WEG:
Auto: Parkplatz am Nationalpark-Tor Rurberg, Seeufer 3, 52152 Rurberg
(GPS: 50.607003, 6.382700)

Entspannung ✳✳✳✳✳
Genuss ✳✳✳✳✳
Romantik ✳✳✳✳✳

ÖPNV: ab Aachen Bushof und Aachen Hbf. Bus SB 63 bis Simmerath Bushof,
ab dort Bus 68 bis Rurberg Seeufer; oder ab Düren RB 21 bis Heimbach, ab dort Bus 231
oder MÄXCHEN bis Wolfgarten Urfttalsperre/Haftenbach bzw. Hasenfeld Schwammenauel,
von dort per Schiff bis Rurberg Rursee

ESSEN & ENTSPANNEN:
Ausflugslokal Urfttalsperre ❹ Urfttalsperre 1, 53937 Schleiden, Tel. (0 24 73) 9 78 98 83,
www.urftseemauer.de

ENTDECKEN & ERLEBEN:
Informationszentrum Nationalparktor Rurberg ❶ Seeufer 3,
52152 Simmerath, Tel. (0 24 73) 93 77-0, www.nationalpark-eifel.de/tore
Honigberg im Wilden Kermeter ❷
Holzkohlenmeiler ❸
Vogelsang IP – auch wenn er nicht an der Wanderstrecke liegt,
ist er unbedingt einen Abstecher wert

Das hockende Weib

* 10,3 Kilometer
* 117 Höhenmeter
* 3 Stunden
* Rundweg

Links neben der Zufahrt zum Wanderparkplatz gibt es einen **Überblick über den Natur- und Geopark TERRA.vita.** Daneben bringt uns in einem hügeligen Waldgelände der auch als **A 1/A 2** markierte **Zuweg zu den Teutoschleifen** an einem Campingplatz entlang. Wir treffen auf die schmale Straße **Hermannsweg** und folgen ihr rechts, bis sie am **Schwäbischen Gasthof Dörenther Klippen** endet. Gegenüber folgen wir links dem ansteigenden, mit einem weißen **H** markierten Wanderweg **Hermannsweg** in Richtung **Brochterbeck** zu einer Gabelung. Links ab gelangen wir in einen Laubmischwald, wo wir uns an einer kleinen Verzweigung rechts nach der Wandermarkierung **Teutoschleifen** richten. Ein Schild weist uns wenig später links die Richtung zu einem **Ehrenfriedhof.** Wir laufen

Das Hockende Weib
In den Dörenther Klippen

aufwärts und halten uns an einer Wegteilung links. Neben einem schmalen Kerbtal durchqueren wir einen Kiefernwald, in den sich zunehmend Ilex, Buchen, Rot- und Stieleichen mischen. Vögel zwitschern in den Bäumen, irgendwo krächzt ein Eichelhäher. Unser weicher und von Baumwurzeln durchzogener Weg teilt sich. Rechts ab trifft ein mit Gras bewachsener Weg ohne nennenswerte Steigungen auf einen breiten Schotterweg, in den wir links einbiegen. Vor uns liegt ein Feld, das uns einen guten Ausblick über die Ebene gewährt. Das Kohlekraftwerk Ibbenbüren ist nicht zu übersehen. Es wurde 1981 erbaut und ursprünglich mit Anthrazitkohle aus der 2018 stillgelegten Zeche Ibbenbüren betrieben. Wir biegen rechts ab. Auf einer geschwungenen **Teutoschleifenbank** gönnt sich gerade jemand eine Auszeit. Wir passieren geradeaus eine offene Schranke. Nach einer ganzen Weile liegt rechter Hand ein von Hecken umfriedeter **Ehrenfriedhof.** ❶ In ihrer Unscheinbarkeit rühren uns die wenigen Gräber aus dem Zweiten Weltkrieg an – eine sanfte Mahnung gegen Krieg und Terror.

Wir gehen links weiter und geradeaus an einer Schutzhütte vorbei. Wie grüne Wände aus Laub ragen Sträucher neben uns auf. Da sich ein großer Findling an einer Bank gut als Picknick-Tisch eignet, genießen wir unseren mitgebrachten Proviant.

An einer rot-weißen Schranke finden wir Informationen zum **Naturschutzgebiet Dörenther Klippen.** Geradeaus liegt vor uns eine Kreuzung mit einem **Schutz-**

pilz. ❷ Wer hier die Tour um nicht ganz 3 Kilometer **abkürzen** möchte, geht geradeaus weiter, verpasst damit allerdings den schönsten Teil der Wanderung, der aber Trittsicherheit erfordert.

Für alle Wanderer, die die komplette Tour machen, heißt es aufpassen, denn unser links abknickender Pfad ist leicht zu übersehen. Er führt steil hinab und ist in Richtung **Parkplatz Bocketal** und **Dreikaiserstuhl** ausgeschildert. Baumwurzeln und Steine geben uns etwas Halt, doch wenig später bieten Holzstufen mehr Sicherheit. Die Route wird ebener und bequemer. Bewaldete Hänge umschließen uns, Totholz und Findlinge verteilen sich mit samtigem Moos überzogen zwischen den Bäumen. Über unseren Köpfen ragt ein beeindruckender Felsvorsprung auf, der über dieses

 ## Für die Seele

Die Dörenther Klippen lassen uns in die Erdgeschichte eintauchen, über die wir auf einer zünftigen Almhütte in Ruhe nachdenken.

wohlig düstere Tal zu wachen scheint. Die Hektik des Alltags bleibt hier außen vor. Wir atmen tief durch und lassen in dieser smaragdgrünen Zauberwelt unsere Seele baumeln.

Durch das schmale Tal wandern wir geradeaus und folgen an einer Bank rechts der Wandermarkierung **Teutoschleifchen,** die uns rechts am Feldrand weiterführt. Felsbrocken liegen wie von Riesenhand verteilt auf dem Boden. Wir treffen auf einen breiten Querweg, der rechts zwischen Feldrand und Fichten verläuft. Der sandige Untergrund ist angenehm weich. Rechts neben uns teilen sich zwei Abzweige auf. Wir wählen den im Linksbogen ansteigenden und ignorieren den, der scharf rechts zum Königstein/Dreikaiserstuhl

führt. Oben orientieren wir uns sowohl an einer Gabelung als auch an einem T-Abzweig nach rechts. Das Teutoschleifchen leitet uns auf sandigem Untergrund durch niedrige Buchen, Fichten und Eichen zu dem als Klettergebiet ausgewiesenen **Königstein. ③**

Geradeaus führt unsere Route durch einen lichten Wald an weiteren imposanten Felsformationen vorbei. Die Wandermarkierungen teilen sich auf. Wir nehmen rechts das **Teutoschleifchen** zum **Dreikaisertuhl. ④** Wie der gigantische Kopf eines Urzeitwesens ragt der Felsen über das bewaldete Gelände unter uns hinaus. Vor Urzeiten hätte das Meer hier unsere Füße umspült. Das Teutoschleifchen mäandert an weiteren Felsformationen vorbei. Wir ignorieren einige rechts abknickende Pfade, erst in einen breiten Querweg biegen wir rechts ein.

Sanft aufwärts kommen wir wieder zu dem bekannten Schutzpilz, vor dem wir jetzt links der Markierung **Teutoschleife Dörenther Klippen** folgen. Zwischen felsigen Böschungen mutet sie fast wie ein Hohlweg an. Der Untergrund ist mit Nadeln und Zapfen bedeckt, später gesellen sich Eicheln und Bucheckern dazu. Rechts ab wandern wir oberhalb von Wiesen und Feldern am Waldrand entlang. Einem kleinen Hain aus imposanten Buchen und Eichen schenken wir unsere volle Aufmerksamkeit. Uns wundert es nicht, dass solche Ansammlungen alter Bäume oftmals als Kraftorte gelten.

An einer Hauszufahrt leitet uns rechts die Teutoschleife Dörenther Klippen durch ein hügeliges Waldgebiet und geradewegs an einem Feld entlang zurück in einen Wald. Nachdem wir uns an einer kleinen Gabelung rechts gehalten haben, verläuft ein Rechtsschwenk tiefer in den Wald. Sonnensprenkel tanzen über den mit Bucheckern und Laub, Zapfen und Nadeln bedeckten Untergrund. Blätter umschließen uns wie ein grünes Gewölbe. Beiderseits erstrecken sich Wiesen und Felder.

Hinter einem Holzlagerplatz der Forstverwaltung

Zwischen Ibbenbüren und Tecklenburg erstrecken sich über 4 Kilometer die Dörenther Klippen. Das bewaldete Naturschutzgebiet mit seinen bizarren Sandsteinformationen ist als UNESCO Global Geopark ausgewiesen. Besonders auffällig sind die Felsen Dreikaiserstuhl und Hockendes Weib.

Felsformation am Wegesrand

überqueren wir zwischen locker verteilten Bäumen und Sträuchern einen Bach. Pappeln rauschen im Wind. Neben einem einzelnen Haus biegen wir am Feld rechts ab, um dahinter links der Beschilderung in Richtung Hockendes Weib zu folgen. Holprig geht es über Baumwurzeln abwärts durch eine Buchenhalle. Leicht zu übersehen schwenkt rechts die schmale, stark ansteigende Teutoschleife ab. An einer Felswand, die steil vor uns aufragt, hangeln sich Kletterer in die Höhe. In einer Linkskurve entfernen wir uns von ihnen und erreichen an einer kleinen Hütte vorbei den Waldrand.

Die frei liegenden Wurzeln einer mächtigen Buche schlängeln sich wie ein Ornament über die Böschung. Gegenüber blicken wir über weite Felder. An einem Gehöft wählen wir von drei Möglichkeiten die mittlere. Die Teutoschleife bringt uns nach einer Weile an einer Kreuzung rechts weiter aufwärts. Glatte

Buchenwurzeln glänzen fast metallisch auf dem Erdreich. Felsformationen zu unserer Rechten bilden fa-
belhafte Figuren.

In Gedanken noch ganz in dieser Fantasiewelt,
biegen wir an einem Querweg links ab. Dort wartet eine schöne Überraschung auf uns: Unmittelbar vor
dem sagenumwobenen Hockenden Weib liegt inmitten der bewaldeten Felslandschaft die urige **Almhütte
Dörenther Klippen**. **5** Am Kiosk versorgen wir uns mit
Erfrischungsgetränken, die wir im Biergarten auf rus-
tikalen Holzbänken genießen. Die Geschichte vom
Hockenden Weib ist zwar nur eine Sage, doch inmitten der Felsen sehen wir in unserer Fantasie die Mee-
resfluten ansteigen, vor denen die Familie flüchtete.

Einen rechten Abzweig mit einem rot-weißen
Pfosten ignorieren wir und kommen unmittelbar am
Naturdenkmal Hockendes Weib **6** vorbei, das von Bäumen
fast vollständig verdeckt wird. An einer Gabelung leitet uns links die mit Wurzeln durchzogene **Teutoschleife** steil abwärts. Ein großer Findling wirkt wie von

*Die Dörenther Klippen,
die aus den Dünen eines Meeres
entstanden, wurden einst von
einer Flut umspült. Der Sage nach
flüchtete eine Mutter mit zwei
Kindern hierher und betete in
geduckter Haltung. Als das
Wasser abzog, waren die Kleinen
gerettet, die Frau jedoch als
Hockendes Weib zu
Stein erstarrt.*

Riesenhand dort abgelegt. Wir nutzen wieder einmal Baumwurzeln und Steine als Stufen.

Unten treffen wir auf die vom Hinweg bekannte Etappe. Links ließe sich die Tour mit einer weiteren Einkehr im Schwäbischen **Gasthof Dörenther Klippen** ❼ beschließen. Rechts ab erreichen wir den Campingplatz, wo es links zum Parkplatz geht.

Wer mag, kann diesen Wandertag mit einem meditativen Moment ausklingen lassen. Der Straße geradeaus folgend finden wir auf einer wenige Schritte entfernten kleinen Anhöhe links die **Bruder-Klaus-Kapelle.** ❽ Sie wurde 1967 zu Ehren des Eremiten Nikolaus von Flüe errichtet. Lichtbänder und große bunte Glassteine schaffen in einem kleinen Andachtsraum farbintensive Lichteffekte.

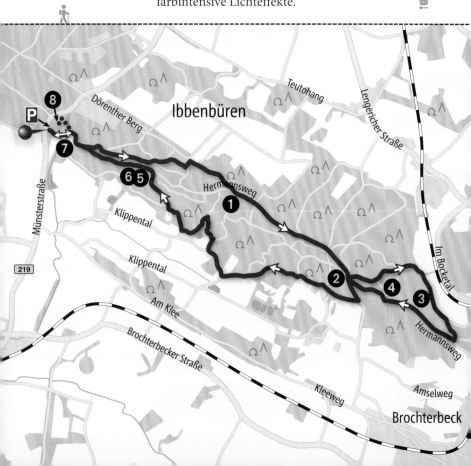

WIE & WANN:
Befestigte und unbefestigte Waldwege durch hügeliges Gelände; einige Streckenabschnitte
sind leicht unwegsam. Bei trockener Witterung ganzjährig interessant, bei feuchtem Wetter
kann es stellenweise rutschig werden

HIN & WEG:
Auto: Parkplatz Dörenther Klippen, Münsterstraße, 49479 Ibbenbüren
(GPS: 52.246362, 7.695492)
ÖPNV: ab Münster Hbf. Bus S 50 bis Dörenther Berg; oder ab Ibbenbüren Busbahnhof Bus S 50 oder R 63
bis Dörenther Berg; ca. 400 m Fußweg bis zum Ausgangspunkt

ESSEN & ENTSPANNEN:
Almhütte Dörenther Klippen ❺ Dörenther Berg 60, 49479 Ibbenbüren,
Tel. (0 54 51) 1 62 03

Entspannung ✳✳✳✳✳
Genuss ✳✳✳✳✳
Romantik ✳✳✳✳✳

Schwäbischer Gasthof Dörenther Klippen ❼ Münsterstraße 419, 49479 Ibbenbüren,
Tel. (0 54 51) 25 53, www.gasthof-doerenther-klippen.de

ENTDECKEN & ERLEBEN:
Ehrenfriedhof ❶
Schutzpilz ❷
Königstein ❸
Dreikaiserstuhl ❹
Naturdenkmal Hockendes Weib ❻
Bruder-Klaus-Kapelle ❽

- ❋ 9 Kilometer
- ❋ 250 Höhenmeter (ohne Aufstieg Möhnesee-Turm)
- ❋ 2,5 Stunden
- ❋ Rundweg

Baumharfe

Vorbei am Torhaus, das zu unserer Linken liegt, kommen wir am Ende des Wanderparkplatzes zu einer Übersichtskarte. Der mit einem **K** markierte **Klangwald-Weg** beginnt direkt gegenüber und trifft durch Sträucher auf Schotter, jetzt leicht ansteigend. Er bringt uns rechts erst durch Fichten, dann durch einen Laubwald. Eine **Baumharfe** ❶ hängt in den dicken Ästen einer Buche. Der Klöppel wartet auf einen Windstoß – oder aber auf uns, damit wir dem Instrument Töne entlocken.

Mit einem Blick auf eine Ansiedlung, die sich inmitten ausgedehnter Felder an einen Hang schmiegt, gelangen wir tiefer in einen artenreichen Wald.

Das Saiteninstrument zwischen zwei Baumstäm-

Klänge im Wald
Der Klangwald am Möhnesee

men hat mehrere Namen: Benannt ist die **Äolsharfe** ❷ nach dem griechischen Gott der Winde. Uns gefällt das Wort Geisterharfe gut, weil es so schön die Mystik der Landschaft aufgreift. Aber egal, wie man das Instrument benennt, seine Saiten werden durch den Wind in Schwingungen versetzt und erzeugen zauberische Klänge.

Wenige Schritte weiter darf man sich zur Entspannung einer **Klangwiege** ❸ anvertrauen und den Tönen ihrer Saiten lauschen, die man von innen anschlagen kann.

Wir wandern weiter leicht aufwärts. An einer zweiten **Äolsharfe** ❹ folgen wir geradeaus dem Wanderweg **A 5**.

Bei starkem Westwind ertönt das wehmütige Lied einer **Windgeige ❺**, doch in den Genuss kommen wir an diesem Sommertag nicht. Links leitet uns ein als **A 11** markierter Pfad an Bänken mit einem Tisch vorbei durch einen Tunnel aus niedrigen Nadel- und Laubbäumen. Dahinter nehmen uns alte Buchen auf. Sonnenstrahlen verwandeln sich wenige Schritte danach zwischen verwobenen Fichtenästen in milde Lichtbüschel und inszenieren einen geheimnisvollen Naturraum.

Blick vom Möhnsee-Turm

Unsere Strecke wird steiniger und stößt auf einen als **A 12** markierten Schotterweg, der uns rechts an einem Bachtal entlangführt. Nachdem wir eine **Schutzhütte** passiert und uns an einem Spielplatz links gehalten haben, erhebt sich hinter einer Lichtung der **Möhnesee-Turm.** ❻ Wir erreichen ihn, indem wir geradeaus und an einem T-Abzweig rechts gehen. Der mühevolle Aufstieg über 206 Stufen wird in 42 Metern Höhe mit einem atemberaubenden Panorama über den Möhnesee und den Naturpark Arnsberger Wald belohnt. Auf dem See setzen Segelboote maritime Akzente und versprühen Ferienlaune. Wir aber freuen uns auf das Erkunden der Natur, die sich unter den grün schattierten Baumkronen verbirgt.

Den Turm lassen wir rechts hinter uns und folgen

✿ Für die Seele

Im Arnsberger Wald schaffen Klanginstallationen eine meditative Stimmung, während der Möhneseeturm uns mit seiner großartigen Rundumsicht begeistert.

der **Sauerland Waldroute.** Nach einer Weile laufen wir an der bereits bekannten Kreuzung mit der **Windgeige** wenige Schritte weiter geradeaus. Rechts knickt der Wanderweg **A 9** ab. Während wir ihm folgen, achten wir aufmerksam auf die Markierung, denn er schlängelt sich kaum erkennbar als laubbedeckter Pfad zu einer Lichtung mit einer Kreuzung. Dort wird geradeaus ein von Margeriten gesäumter Weg allmählich breiter. Zerborstene Baumstämme zeugen von den heftigen Naturgewalten, die in den Mittelgebirgen herrschen können. Wie Streichhölzer hat ein Sturm einige Nadelbäume geknickt.

Im Linksbogen geht es hinter einer Lichtung wieder tiefer in einen Laub- und Nadelwald, Sonne und

Seit 1913 staut eine Bruchsteinmauer an der Heve-Mündung die Möhne auf. Der Fluss entspringt bei Brilon und mündet bei Neheim in die Ruhr, deren Wasserstand die Talsperre maßgeblich reguliert. Südlich liegt der Arnsberger Wald, eines der größten deutschen Waldgebiete.

Schatten wechseln sich auf dieser Etappe ab. Der Möhnesee schimmert durch die Bäume zu unserer Rechten, Boote mit bunten Segeln ziehen in der Ferne an uns vorbei. Vor einem Parkplatz schwenken wir links in den geschotterten Wanderweg A 9 ein, der uns in einen von Bächen durchzogenen Wald bringt. Honigbienen umschwirren einen Bienenstock am Wegesrand. Ein Bachtal begleitet uns im Schatten der Nadelgehölze.

Stehharfe

Am Ende eines frei geräumten Platzes im Wald leitet uns der ansteigende schmale A 9 durch Buchen und Eichen, die sich mit Fichten abwechseln. Dann windet er sich durch niedriges Gebüsch zu einer Kreuzung. Wir nehmen rechts den vom Hinweg bekannten Pfad, der in dieser Laufrichtung allerdings als A 5 markiert ist. Am Hauptweg wenden wir uns nach rechts. An der Äolsharfe 2 nimmt uns links der K-Weg auf, der auch als A 4 markiert ist. Während der A 4 kurz danach im Rechtsbogen abschwenkt, folgen wir geradeaus der K-Markierung zu einer weiteren Geisterharfe. Zwischen Lärchen und Kiefern wächst auf einer gerodeten Fläche Roter Fingerhut. Einige urige Eichen mit abgebrochenen Ästen verstärken diese einnehmende Waldstimmung.

An einem Windspiel ❼ halten wir uns rechts. Ein asphaltierter Weg bringt uns über zwei Bäche hinweg zu einer Stehharfe ❽, in deren Klangkörper wir die Töne hautnah spüren. Gleich danach schwenkt links ein unscheinbarer, mit einem roten Punkt markierter Pfad ins Naturschutzgebiet Hevearm und Hevesee ❾ ein. Hier mündet der kleine Fluss Heve in den Möhnesee. Zunächst ist der Uferbereich durch einen Maschendrahtzaun geschützt, doch dann ist der Blick auf den von Bäumen gesäumten See frei. Ans Ufer darf man in dieser streng geschützten Landschaft nicht. Sie ist Teil des Vogelschutzgebiets Möhnesee.

Wir bleiben dem weichen, von Baumwurzeln durchzogenen Uferweg treu, der uns durch Bestände uriger Hainbuchen und Eichen bringt. Schließlich steigt er stark an und entfernt sich vom Ufer. Einen links ins Naturschutzgebiet abzweigenden Weg ignorieren wir und wandern weiter aufwärts. Nach einiger Zeit nimmt uns ein quer verlaufender Asphaltweg auf,

Im Naturschutzgebiet

1911 wurde ein Pförtnerhaus an der Zufahrt zum nahe gelegenen Jagdschloss Gut Meinolf und zum für die Öffentlichkeit gesperrten Wildpark gebaut. Die Tordurchfahrt war so markant, dass das Anwesen, das heute eine Gaststätte beherbergt, als Torhaus bekannt wurde.

dem wir nach links folgen. Erdiger Waldduft hüllt uns ein. Hainbuchen, Eichen, Ahorne und Ebereschen umschließen eine **Klangspinne ⑩,** die ein Seil in Schwingung versetzt und unerwartet zarte Töne erzeugt.

Durch ein kunstvolles Schmiedegitter sehen wir im Torhaus-Garten originelle Skulpturen. Nachdem wir unsere Rucksäcke ins Auto gebracht haben, kehren wir im **Café Restaurant Torhaus Möhnesee ⑪** ein. Im historischen Fachwerkhaus lassen wir uns nach einem wunderschönen Waldwandertag kulinarisch verwöhnen. Die Betreiber umschreiben die Gemütlichkeit in ihren Räumlichkeiten zu Recht als rustikales Wohnzimmer-Ambiente. Und auch im traumhaften Garten lassen sich deftige Kleinigkeiten und leckere Kuchen genießen.

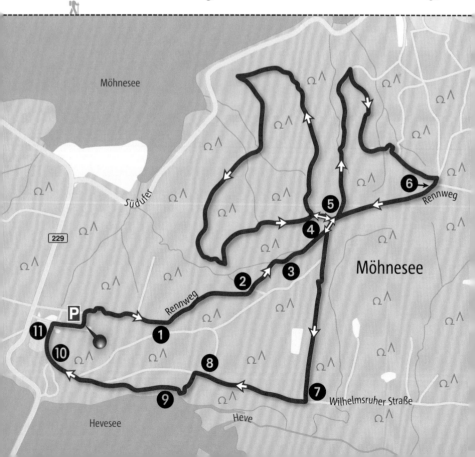

Alles auf einen Blick

WIE & WANN:
Befestigte und unbefestigte Wege und Pfade; schönste Zeit April bis Oktober
sowie an Wintertagen mit Schneelage

HIN & WEG:
Auto: Wanderparkplatz am Torhaus Möhnesee-Delecke, Arnsberger Straße 4,
59519 Möhnesee (GPS: 51.471792, 8.099084)
ÖPNV: ab Soest Bf. Bus R 49 bis Körbecke Seestraße, ab dort Bus 548 bis Delecke Torhaus

ESSEN & ENTSPANNEN:
Café Restaurant Hotel Torhaus Möhnesee ⓫ Arnsberger Straße 4,
59519 Möhnesee-Delecke, Tel. (0 29 24) 9 72 40, www.torhaus-moehnesee.de

ENTDECKEN & ERLEBEN:
Baumharfe ❶

Entspannung ✹✹✹✹✹
Genuss ✹✹✹✹✹
Romantik ✹✹✹✹✹

Äolsharfe ❷
Klangwiege ❸
Äolsharfe 2 ❹
Windgeige ❺
Möhnesee-Turm ❻
Windspiel ❼
Stehharfe ❽
Naturschutzgebiet Heverarm und Hevesee ❾
Klangspinne ❿

❀ 12 Kilometer
❀ 123 Höhenmeter
❀ 3,5 Stunden
❀ Rundweg

Den **Erlebnisweg Wupper** erreichen wir über Stufen neben dem Parkplatz und biegen links ab. Ein Stahlgitter bringt uns unmittelbar am Morsbach entlang, der rechts von uns fließt. Nachdem wir zwei Brücken unterquert haben und einige Stufen hinaufgestiegen sind, gehen wir rechts über die **Wupper,** in die der Morsbach mündet. Dahinter nimmt uns links der **Müngstener Brückenweg** auf und führt am **Linienbus-Wende- und -Halteplatz** vorbei. Geradeaus gelangen wir zu einem Aussichtssteg und schwenken davor rechts ab. Vor uns erhebt sich die **Müngstener Brücke ❶,** die eine ungeahnte Faszination auf uns ausübt. Ihre Stahlkonstruktion überspannt in luftiger Höhe die waldreichen Hänge der Wupper. Deutschlands höchste Eisenbahnbrücke

Hohe Baukunst
An den Ufern der Wupper

passt mit einer uns nicht erklärbaren Leichtigkeit in die Natur, ohne darin störend zu wirken.

Haus Müngsten ❷ bietet als Integrationsbetrieb Speisen und Getränke, aber auch einen perfekten Ausblick. Etwas weiter lädt ein Aussichtssteg uns ein, den Blick über die baumreichen Flussufer hinauf zur Brückenkonstruktion schweifen zu lassen. Wir unterqueren die Brücke und kommen in den **Müngstener Brückenpark,** wo auf ausgedehnten Wiesen gepicknickt, herumgetollt und gefaulenzt wird. An einem Kiosk gibt es bergische Waffeln, gleich daneben ist ein Minigolfplatz. Wir flanieren geradewegs zu einer rotweißen **Wegschranke,** hinter der das **Naturschutzgebiet Tal- und Hangbereiche der Wupper mit Seitenbächen** beginnt. Auf

Seit 1897 bringt die 107 Meter hohe Müngstener Brücke Menschen zum Staunen und Eisenbahnen über die Wupper. Bei der von Anton von Rieppel geplanten Stahlkonstruktion war insbesondere der Bogen mit 180 Metern Spannweite eine Herausforderung für die Firma MAN.

Verwöhntour 11

Die Wupper hat sich zwischen Müngsten und Burg ein 100 Meter tiefes Tal in Grauwacke und Tonschiefer geschnitten. Bis zur Mündung ist sie weitgehend nach den Flora-Fauna-Habitat-Richtlinien geschützt. Dünnfarn fühlt sich hier heimisch, genauso Groppe, Neunauge und Eisvogel.

einem ansteigenden Schotterweg hören wir die Wupper rauschen, die etwas unterhalb neben uns fließt. Baumwurzeln überziehen wie Kunstwerke den felsigen Untergrund. Eine kleine Brücke mit einem Holzgeländer überspannt einen Bach. Brombeeren, Moose und Farne breiten sich unter Lärchen, Fichten, Douglasien und Buchen aus. Vermoderndes Holz ist ein moosüberzogenes Paradies für Insekten und Pilze.

Über unseren Weg fließt ein Bach, den wir dank einiger Steinblöcke trockenen Fußes überqueren. Im Schatten von Bäumen, deren Wuchsformen uns an Fabelwesen denken lassen, bilden große Felsquader einen Rastplatz. Die Wupper kommt nah an uns heran, doch über Steinstufen entfernen wir uns vom Wasser. Steinpilzförmige Kunstinstallationen sind als Denkanstoß am Wegesrand zu verstehen: In diesem geschützten Lebensraum sollen wir uns im Einklang mit der Natur bewegen und die Wege aus Rücksicht auf wild lebende Tiere und Pflanzen nicht verlassen.

Der ansteigende Weg wird von markanten Felsen gesäumt. Über Stufen gelangen wir hinauf in eine Buchenhalle, an die sich ein Dickicht verschiedener Baumarten anschließt. Geradeaus geht es an einem rechten Abzweig vorbei und in leichtem Auf und Ab weiter. Unser Blick schweift über die Wupper zur Müngstener Brücke.

Wir überqueren einen Bach. Kurz bevor wir die nicht mehr bewirtschaftete Waldschenke Wiesenkotten erreichen, biegen wir scharf rechts ab. Einen Abzweig lassen wir links liegen und wählen an einer Gabelung den linken, ansteigenden Weg. An einem bemoosten Hang wirken Felsen wie eingesprenkelt. Ein Bach fließt in einem eingekerbten Tal durch einen stillen Waldbereich. Im stark ansteigenden Linksbo-

✿ Für die Seele

Im waldreichen Tal der Wupper fügt sich die Müngstener Brücke harmonisch ein in die Natur, deren Schönheit der Diederichstempel perfekt in Szene setzt.

gen erreichen wir einen Wegweiser, dem wir links in Richtung **Burg** folgen. Der **Bergische Weg** leitet uns mit seiner **orangefarbenen Wanderwegmarkierung** durch einen Forst.

Neben einer baumreichen, flachen Kuppe zweigt links der Bergische Weg etwas unscheinbar ab. Rechter Hand erhebt sich ein Wiesenhang. Im Linksschwenk wandern wir an zwei Hütten vorbei, die an einem Teich stehen. Er wird von einem Mix aus Ilex, Birken, Eichen und exotischem Bambus eingerahmt. Daran schließt sich ein Bachtal an. An einem steil abfallenden Hang sind die Baumkronen fast blickdicht, ihr sattes Grün schenkt unserem Geist spürbar frische Energie.

Hinter einer naturbelassenen Wildruhezone erha-

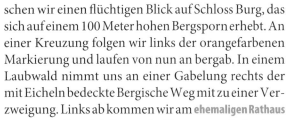

schen wir einen flüchtigen Blick auf Schloss Burg, das sich auf einem 100 Meter hohen Bergsporn erhebt. An einer Kreuzung folgen wir links der orangefarbenen Markierung und laufen von nun an bergab. In einem Laubwald nimmt uns an einer Gabelung rechts der mit Eicheln bedeckte Bergische Weg mit zu einer Verzweigung. Links ab kommen wir am **ehemaligen Rathaus der Gemeinde Burg an der Wupper** aus, die heutzutage zu Solingen gehört. Wir halten uns links und überqueren die Solinger Straße und gleich danach die Hasencleverstraße.

Eine **Seilbahn** ③ fährt seit 1952 über die Wupper hinauf zum **Schloss Burg,** das die Grafen von Berg im Jahr 1130 als Stammsitz errichteten. Die filmreife Kulisse ist einen Abstecher wert. Es gibt am Schloss ein Museum, mehrere Ausflugslokale und einige hübsche Läden. Unsere Wanderroute schwenkt jedoch vor der Seilbahn links ab. Nachdem uns eine Brücke über die Wupper gebracht hat, lädt rechts in einem alten Fachwerkhaus das **Café Meyer** ④ zu einer Pause mit einer original bergischen Kaffeetafel oder einem typisch bergischen Butterbrot, der „Kottenbutter", ein. Links lockt das **Restaurant-Café Wupperterrassen** ⑤ mit Pfannkuchen und internationalen Speisen.

Wir gehen ein paar Schritte geradeaus weiter und biegen links in die schmale **Müngstener Straße** mit hübschen Fachwerkhäusern ein. An einer Straßengabelung halten wir uns links. An der **evangelischen Kirche** vorbei kommen wir zu einem Haus, das sich an eine mächtige Felswand schmiegt. Davor zwingt uns eine Bank förmlich zu einer Rast mit Flussblick.

Der asphaltierte **Erlebnisweg Wupper** nimmt uns geradewegs mit in einen Wald mit bizarren Felsen und urtümlichen Hainbuchen. Wir ignorieren einen ansteigenden rechten Abzweig und entfernen uns geradeaus etwas von der Wupper. In der Flussaue wogen die Kronen schlanker Erlen im Wind, unter denen sich ein undurchdringliches Dickicht ausbreitet. Ein auf einem Hausdach abgestellter Motorroller bringt uns zum Schmunzeln. Ab hier ist der asphaltierte Streckenabschnitt nur noch für forstwirtschaftlichen Verkehr freigegeben.

Wir gehen an einer Brücke vorbei, die links zur ehemaligen Waldschenke Wiesenkotten führt. Der linke, untere Weg an einer Gabelung bringt uns durch das **Naturschutzgebiet Wupper und Wupperhänge südlich Müngsten.** Seltsam gewachsene Buchen und Eichen neigen sich ausladend über den Fluss. Es sind wunderschöne Ausblicke auf das Wasser, die wir genießen dürfen! Ein in Stein gemeißeltes Mühle-Brett lädt ein, sich eine Weile in das altbekannte Spiel zu vertiefen. Geradeaus, an einem rechten Abzweig vorbei, überqueren wir ein Bachbett. Die Wupper fließt nah neben uns und umschließt wenig später eine Insel. Im Licht des späten Nachmittags wirken die Silhouetten der krummen Baumgestalten am Ufer einzigartig.

Die Wupper

An einer Gabelung orientieren wir uns rechts und entfernen uns über einen stark ansteigenden Weg vom Fluss. Rechter Hand scheint die Müngstener Brücke über dem Tal zu schweben. Nachdem wir uns an zwei aufeinanderfolgenden Möglichkeiten links gehalten

Im 19. Jahrhundert wurde Lustwandeln in der Natur populär, Aussichtstürme waren beliebte Ausflugsziele. August Diederichs stiftete um 1900 zwei Pavillons samt Geld für deren Erhalt. Er verlangte freien Zugang für Besucher zu den „Diederichstempeln" in Müngsten und Burg.

haben, unterqueren wir die Stahlkonstruktion. Schwungvoll durchqueren wir einen Buchenwald, bis uns Stufen links hinab zum **Müngstener Diederichstempel** ❻ leiten. Die mit Schmuckgitter versehenen Spitzbögen schenken uns einen wunderschönen Rundumblick.

Etwas uneben führt der Pfad am Hang entlang weiter. Einen Bach hören wir, lange bevor er über unsere Route fließt. Trittsteine helfen, ihn zu überqueren. Wir ignorieren einen rechten Abzweig, wählen an einer unscheinbaren Gabelung den steil ansteigenden rechten Zweig und biegen oben gleich links ab. Eine weitere Gabelung bringt uns links hinab zur Solinger Straße, die wir an der Ampelkreuzung überqueren. Links liegt die Zufahrt zu unserem Parkplatz.

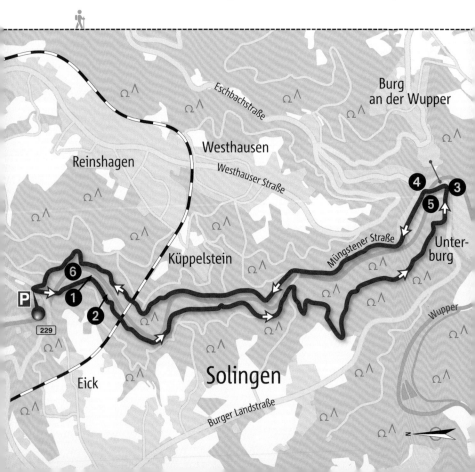

WIE & WANN:
Befestigte und unbefestigte Waldwege und Pfade, einige Stufen, asphaltierte Wegabschnitte und Straßen; ganzjährig schön, nur bei Hochwasser könnten einige Wege überflutet sein

HIN & WEG:
Auto: Parkplatz Müngstener Brückenpark, Solinger Straße, 42857 Remscheid
(GPS: 51.166727, 7.136391); alternativ, wenige Schritte entfernt: Parkplatz Müngsten an der L 74/Ecke Morsbacherstraße, 42349 Wuppertal (GPS: 51.166349 7.135760).
ÖPNV: ab Remscheid Hbf. Bus 658 bis Müngsten Brückenpark

ESSEN & ENTSPANNEN:
Haus Müngsten ❷ Müngstener Brückenweg 71, Tel. (02 12) 2 33 93 20,
www.haus-muengsten.de
Café Meyer ❹ Schloßbergstraße 4, 42659 Solingen-Unterburg,
Tel. (02 12) 2 44 32 75, www.cafe-meyer.de

Entspannung ✻✻✻✻✻
Genuss ✻✻✻✻✻
Romantik ✻✻✻✻✻

Restaurant-Café Wupperterrassen ❺ Eschbachstraße 1, 42659 Solingen,
Tel. (02 12) 4 45 78

ENTDECKEN & ERLEBEN:
Blick auf die Müngstener Brücke ❶
Seilbahn Burg ❸
Müngstener Diederichstempel ❻

❋ 11,9 Kilometer
❋ 225 Höhenmeter
❋ 4 Stunden
❋ Rundweg

Am Portal der **Abtei Heisterbach** überqueren wir die **Heisterbacher Straße (L 268).** Geradeaus leitet uns ein Steinwegweiser in Richtung **Weilberg** durch das **Naturschutzgebiet Siebengebirge.** Ein Bach durchfließt die Wiesen, in denen uns Sträucher und Bäume umfangen. Rechts schwenken wir auf einen ansteigenden Forstweg ab, der nach einer längeren Zeit in einen Querweg mündet. In Stein gehauen finden wir Auskünfte zum **Steinbrechwerk Weilberg** ❶, das wir uns links ab an einem Aussichtsplatz ansehen können. Über dem stillgelegten Steinbruch erhebt sich hinter einem Gewässer der schroffe Weilberg mit seinem vulkanischen Tuff- und Basaltgestein.

Wir wandern zurück zum Info-Stein und gerade-

Pure Romantik
Die Klosterlandschaft Heisterbach

aus weiter zu einer Kreuzung, an der unser Weg einen Rechtsbogen beschreibt. Hinter einer Wegschranke überqueren wir den **Parkplatz Weilberg** und die Dollendorfer Straße. Neben dem Parkplatz Stenzelberg steigt geradeaus der asphaltierte **Mantelweg** an. An einer Kreuzung biegen wir links in Richtung Stenzelberg ab. An einer weiteren Kreuzung mit einer **steinumfassten Quelle** geht es geradeaus weiter zu einer dritten Kreuzung, wo wir rechts abbiegen. Unmittelbar danach schwenken wir rechts in den **Stenzelberg-Rundweg** ein. Links schenkt uns ein kurzer Abstecher zwischen sonderbar verdrehten Hainbuchen einen Blick in ein Waldtal.

Unsere eigentliche Route führt jedoch geradeaus weiter. An kleineren Abzweigen vorbei halten wir uns

nach einem leichten Anstieg an einer Verzweigung links. Zwischen einer Felswand und einem Kerbtal zweigt links ein mit Holz eingefasster Weg ab und endet unten an einem breiten Querweg. Dort lesen wir, dass mit dem Material aus dem **Steinabbau am Stenzelberg ❷** unter anderem die Abtei Heisterbach gebaut wurde.

Wir gehen rechts weiter. Ginster, Weißdorn, Eschen und Brombeeren gedeihen auf felsigem Untergrund. Bäume versperren uns die Sicht ins Tal. Umso überraschender ist es, als eine Schneise den atemberaubenden Fernblick ins Rheintal und auf die Bonner Stadtsilhouette freigibt. Das Panorama versteckt sich kurz danach zwar hinter einer Wand aus Nadelbäumen. Doch der nächste Glanzpunkt unserer

Blick vom Petersberg auf Drachenfels

Wanderung lässt nicht lange auf sich warten. Links liegt an einer Kreuzung ein Lokal mit selbst gebackenen Kuchen und gutbürgerlicher Küche. Das von einer Lokalpolitikerin unter dem Arbeitstitel „Einkehrhaus" geplante Waldgasthaus öffnete 1927 als **Einkehrhaus Waidmannsruh.** ❸ Wir machen es uns auf der Terrasse gemütlich.

Zurück an der Kreuzung, liegen vor uns zwei Schotterwege, von denen uns der linke im Linksschwenk zu einem einsamen Haus leitet. Wir durchqueren einen Laubwald, den nach einer ganzen Zeit ein Schild als **Naturwaldzelle Nonnenstromberg** ❹ ausweist. In einen Querweg biegen wir rechts ein. Auf einer Lichtung bilden Klee, Johanniskraut, Wasserdost, Vogelwicke, Goldrute und Ginster ein Blütenmeer. Unter

 ## Für die Seele

Der historisch bedeutsame Petersberg legt uns den Drachenfels zu Füßen und die Chorruine Heisterbach füllt unseren Tag mit sehnsuchtsvoller Romantik.

alten Buchen bedeckt eine grüne Decke aus Gräsern den Boden. Dieser stille Wald lässt das Gedankenkarussell in unseren Köpfen zur Ruhe kommen.

Aufwärts wandern wir an einer Wiese entlang in Richtung Petersberg, bis uns links der mit einem **weißen R** markierte **Rheinsteig-Wanderweg** zu einer Kreuzung mit einer **Schutzhütte** bringt. Ein Pfeil weist links in Richtung **Petersberg.** Nachdem wir eine weitere Kreuzung geradeaus überquert haben, nehmen uns schwungvolle Bögen mit zu einer Wegteilung. Links und gleich danach rechts beginnt der **Petersberger Bittweg.** Nach einem mühevollen Anstieg zu einem **Prozessionsaltar** ❺ geht es links weiter bergauf. Diese schweißtreibende Etappe lässt uns ahnen, dass man

1189 übernahmen Zisterziensermönche die von Augustiner-Eremiten erbaute Kirche auf dem Petersberg, siedelten aber wenig später in ihre Abtei nach Heisterbach um. Aus Steinen der alten Kirche enstand 1764 die St.-Peter-Kapelle, die zum Wallfahrtsort wurde.

hier Buße tun kann: Seit Jahrhunderten pilgern Sünder zum Petersberg hinauf und hoffen auf Vergebung.

Wir überqueren eine Kreuzung geradeaus, wandern danach rechts steil hinauf und durchschreiten ein Tor. In einem eingezäunten Gelände treffen wir auf Kopfsteinpflaster. Später werden wir rechts an einem Aussichtsplatz unsere Wanderung fortsetzen. Doch zunächst erkunden wir links das geschichtsträchtige **Petersberg-Plateau.** ⑥ Vor dem imposanten **Steigenberger Grandhotel,** das früher das Gästehaus der Bundesrepublik war, liegt die kleine **St.-Peter-Kapelle.** Gegenüber sind in einer Wiese Fundamente der ersten, von Augustiner-Eremiten erbauten Kirche zu erkennen.

1892 wich auf dem Petersberg ein Sommerhaus einem Hotel. Nach dem Zweiten Weltkrieg wurde es Sitz der Hohen Kommission der westlichen Siegermächte, später Gästehaus der Bundesrepublik Deutschland. Gelegentlich finden noch im heutigen Grandhotel politische

Wir kehren rechts zum Kopfsteinweg zurück, der uns links zum zuvor erwähnten Aussichtsplatz bringt. Vor uns erhebt sich mit 460 Metern der Große Ölberg als höchster Gipfel des Siebengebirges. Ihm drehen wir den Rücken zu und nehmen unmittelbar vor dem Aussichtsplatz rechts den abschüssigen **Rheinsteig.** An einem T-Abzweig orientieren wir uns rechts in Richtung **Kloster Heisterbach.** Wir ignorieren einen linken Abzweig und gelangen an einem weiteren Panoramaplatz und einer Natursteinmauer entlang zu einer Verzweigung. Dort warten geradeaus **Biergarten, Bistro & Café im Steigenberger Grandhotel Petersberg** auf uns.

Voller Harmonie und Schönheit liegen in einiger Entfernung, eingebettet ins Drachenfelser Ländchen, der Drachenfels und Schloss Drachenburg. Maler, Dichter und Reisende waren von der Siebengebirgslandschaft und vom Rheintal zwischen Loreley

Blick auf den Rhein bei Bonn

Chorruine Heisterbach

und Drachenfels hingerissen. Wir sind es auch. Vage erinnern wir uns, dass eine Ballade „Lore Lay" von Clemens von Brentano die Rheinromantik entfacht haben soll. Sie erreichte verblüffende Ausmaße, als im 19. Jahrhundert durch den Liniendienst mit Dampfschiffen der Rheintourismus einsetzte.

Mit einem letzten Blick auf den Rhein, auf dem zwischen Bad Godesberg und Königswinter eine Fähre pendelt, gehen wir zum bekannten Abzweig zurück, wo geradeaus ein Pfeil in Richtung **Dollendorf** zeigt. Eine Tafel besagt, dass wir auf den Spuren von Bill Clinton wandeln, der durch diesen Wald joggte. An der schon bekannten Verzweigung führt links hinter einem Tor der holprige Petersberger Bittweg steil hinab. Er ist als **Rheinsteig** markiert. In einer breiten Furche neben uns verliefen einst die Schienen einer **Bremsbahn ❼**, die Material aus den Steinbrüchen abtransportierte.

Nachdem wir an einer Gabelung links abgebogen sind, finden wir neben einem **Steinkreuz Details zum Bittweg. ❽** Geradeaus machen niedrige Bäume und Ilex einen Buchenwald nahezu blickdicht. An einem Abzweig weist ein Pfeil geradeaus zum **Kloster Heisterbach.** An einer Kreuzung mit einem **Steinkreuz** schwenken wir rechts in einen breiten Forstweg ein, der sich durch Fichten schwingt und uns mit einem würzigen Duft verwöhnt. An einer Buche mit mehreren dicken Stämmen gabelt sich der Weg. Geradeaus liegt eine klösterliche Rodung, die es als „Altenrode" bereits im 12. Jahrhundert gegeben haben soll.

Vor der hohen Klostermauer biegen wir links und auf dem Parkplatz rechts ab. Dort führt uns rechts eine Zufahrt auf das Klostergelände der **Abtei Heisterbach ❾**, wo wir den Schildern zum Café-Restaurant **Klosterstube Heisterbach** folgen. Hier haben wir die Qual der Wahl zwischen appetitlichen Kuchen und saisonalen Hausmannsgerichten, die wir entweder auf einer schönen großen Terrasse oder im gemütlichen Innenraum genießen können.

Gegenüber der Außenterrasse liegt als romantisches Highlight unserer Wanderung die **Chorruine** der Abteikirche Heisterbach. Sie ist das Überbleibsel einer romanischen Pfeilerbasilika, die infolge der Säkularisation bis auf den Altarraum abgerissen wurde. Ihn aber bezog der Graf zu Lippe-Biesterfeld wenige Jahre später bewusst in die Planung seines Landschaftsparks mit ein. Der Erfolg gibt ihm recht: Die Chorruine wurde zu einem der beliebtesten Motive der Rheinromantik und ist heute ein begehrtes Fotomotiv.

Von diesem Bildzauber reißen wir uns schweren Herzens los und schlendern nach einer mit romantischen Tagträumen angefüllten Wanderung durch das Torhaus zum Auto zurück.

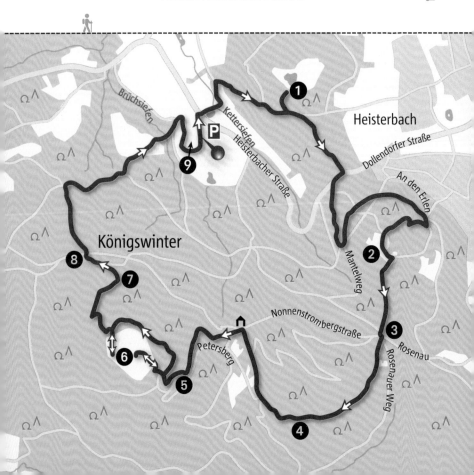

Alles auf einen Blick

WIE & WANN:
Asphaltierte, befestigte und unbefestigte Wege und einige unwegsamere, steile Pfade;
bei trockener Witterung ganzjährig schön. Es kommt nur noch selten vor, dass das Petersberg-
Plateau wegen politischer Konferenzen gesperrt wird

HIN & WEG:
Auto: Parkplatz Kloster Heisterbach, Heisterbacher Straße, 53639 Königswinter
(GPS: 50.696695, 7.212265)
ÖPNV: ab Bonn oder Bad Honnef Straßenbahn 66 bis Königswinter-Oberdollendorf,
ab dort Bus 520 bis Oberdollendorf Kloster Heisterbach

ESSEN & ENTSPANNEN:
Einkehrhaus Waidmannsruh ❸ Rosenau 13, 53639 Königswinter, Tel. (0 22 23) 2 45 20,
www.einkehrhaus-waidmannsruh.com

Entspannung ✴ ✴ ✴ ✴ ✴
Genuss ✴ ✴ ✴ ✴ ✴
Romantik ✴ ✴ ✴ ✴ ✴

Biergarten, Bistro & Café im Steigenberger Grandhotel Petersberg ❻ Petersberg,
53639 Königswinter, Tel. (0 22 23) 7 40
Klosterstube Heisterbach ❾ Heisterbacher Straße, 53639 Königswinter,
Tel. (0 22 23) 70 21 75, www.klosterstube-heisterbach.de

ENTDECKEN & ERLEBEN:
Steinbrechwerk Weilberg ❶
Steinabbau am Stenzelberg ❷
Naturwaldzelle Nonnenstromberg ❹
Prozessionsaltar am Petersberger Bittweg ❺
Petersberg-Plateau ❻ mit St. Peterkapelle und **Steigenberger Grandhotel**
Bremsbahn ❼
Steinkreuz und Details zum Bittweg ❽
Abtei Heisterbach mit Chorruine ❾

❋ 8,3 Kilometer
❋ 55 Höhenmeter
❋ 2,5 Stunden
❋ Rundweg

Bei den sieben Quellen

Neben einer **Schutzhütte** rechts entfernen wir uns hinter einer Holzschranke im Linksschwenk vom Parkplatz und kommen geradewegs an einen von – so sagt man – **Sieben Quellen** ❶ gespeisten Teich. Linker Hand entdecken wir den Nachbau eines **Holzkohlenmeilers.** An dieser Stelle bringt uns rechts ein Trampelpfad abwärts. Eine Holzbrücke spannt sich über einen Bach. An einem großen **Picknickplatz** ist eindrucksvoll die Spannweite eines Seeadlers dargestellt, von dem es am Niederrhein wieder einige Exemplare gibt. Die Abbildung gehört ebenso zum **Naturerlebnis-Pfad** wie die Klanghölzer, neben denen wir links abbiegen. An einer Kreuzung geradeaus zeigt eine Schautafel verschiedene Nisthöhlen.

Rechter Hand wird unsere Waldroute, der wir unbeirrt geradeaus folgen, von alten Eichen und Buchen gesäumt. Dahinter liegt ein Gehöft mit Gewächshäusern und Pferdekoppeln. Mannshoher Farn breitet sich links unter windschiefen Kiefern aus, die wenig später von niedrigen Eichen abgelöst werden. Zur Rechten schweift unser Blick über aus-

Sieben Quellen
Der Staatsforst Klever Reichswald

gedehntes Grünland. Der eiszeitliche Niederrheinische Höhenzug, auf dem wir uns befinden, erstreckt sich dahinter bis ins nahe gelegene niederländische Nimwegen.

Nach einer längeren Strecke gelangen wir geradeaus durch zwei Holzpfostenreihen, hinter denen wir links am Waldrand weiterwandern. Unbeirrt geht es

Karl der Große kannte sein Jagdrevier als Ketelwald, seit dem 15. Jahrhundert heißt es Klever Reichswald. Der größte zusammenhängende Staatsforst Nordrhein-Westfalens bedeckt eine eiszeitliche Stauchmoräne und erstreckt sich an der niederländischen Grenze zwischen Goch, Kleve und Nimwegen.

geradeaus dahin, bis wir ein **rotes Tor** ❷ erreichen und durchschreiten. Wir schließen es sorgfältig hinter uns. Das scheue Rotwild, das hier in einem umzäunten **Wildgehege** lebt, hält sich vor uns allerdings versteckt.

Gleich hinter dem Tor nehmen wir an einer Verzweigung rechts den schmalen, von Baumwurzeln durchzogenen und mit Zapfen bedeckten Pfad. An einer Kreuzung mit einer Bank geht es geradeaus und im leichten Auf und Ab zu einer weiteren Kreuzung, an der wir links abbiegen. Wie eine lockere Allee wirken aufgereihte Roteichen, die eine glattere Borke und größere Blätter haben als unsere heimischen Stiel- und Traubeneichen. Wenig später ranken Brombeeren über die Böschung, Fingerhut wächst

Nachbau eines Köhlermeilers

zwischen wogenden Gräsern. Wir schnuppern ein zitronenartiges Aroma, das die weichen Nadeln der im 19. Jahrhundert aus Nordamerika eingeführten Douglasie verströmen. Ätherische Öle und Terpene zählen zu den Botenstoffen, die unser Immunsystem stärken und Killerzellen aktivieren.

Unsere Sinne lieben das Zusammenspiel der Naturreize, die alle Anspannung von uns abfallen lassen: Sonnenlicht, das weich durch die Baumkronen fällt, umschmeichelt unsere Augen, würzige Waldluft verwöhnt die Nase, wir hören Vogelstimmen und Blätterrauschen und unsere Finger ertasten kühles Moos und warme Borke. So erklärt sich uns die in Japan wissenschaftlich anerkannte Naturtherapie, die bei uns als „Waldbaden" erforscht wird. Im Klever Reichswald lassen wir uns sehr entspannt auf einer Welle wohliger Waldatmosphäre treiben.

Nachdem wir eine Kreuzung geradeaus überquert haben, wird der Untergrund allmählich fester. Er ist mit Kieselsteinen durchsetzt, von denen jeder einzigartig ist in Form und Farbe. Wir würden gern von ihrer Reise erfahren, die sie mit dem Gletschereis

Für die Seele

Den Batavern war er heilig, die Preußen ordneten ihn durch schachbrettartig angelegte Wege und uns schenkt der Klever Reichswald schöne Naturerlebnisse.

der vorletzten Eiszeit von Skandinavien an den Niederrhein brachte.

Kunststoffhüllen schützen in einer Aufforstung junge Eichen, die als heimische Baumart später einmal nicht heimische Nadelbäume in diesem Wald ersetzen werden. In einem abschüssigen Linksbogen durchqueren wir einen jungen Buchenwald. Über ei-

ne Kreuzung geradeaus treffen wir auf einen Querweg, schwenken rechts und gleich danach an einer Kreuzung links ab. Aufgestapeltes Holz lässt diesen Bereich unschwer als Wirtschaftsforst erkennen. An einer Gabelung halten wir uns rechts und gelangen über eine Kreuzung geradeaus zu einem Holztor, das uns wieder aus dem Wildgehege entlässt.

Geradeaus geht es hinauf auf die Reichswaldhöhen. Ein mit Gras bewachsener, fester Sandweg führt uns durch Eichen und moosüberzogene Buchen wieder hinab. Eine herrliche Formenvielfalt umgibt uns, in die orangerote Vogelbeeren und hellgrüne Lärchenzapfen leuchtende Akzente setzen. Während wir unter unseren Füßen Baumwurzeln, Eicheln, Zapfen und Kieselsteine spüren, hüllt uns Vogelgezwitscher ein. Geradeaus über eine Kreuzung und an einem linken Abzweig vorbei überqueren wir den Treppkesweg. Er gehört zu einem System schnurgerader Forststraßen, die den Klever Reichswald rechteckig unterteilen.

An einer Kreuzung weist unter einer mehrstämmigen Edelkastanie ein Stein auf den 74 Meter hohen **Köhlerberg** ➌ hin. Wir biegen links ab. Laubkronen breiten sich über unseren Köpfen aus, während wir auf einem festen Sandpfad abwärts laufen. In einer urwaldartigen Wildnis sind eine bizarr gewachsene Spätblühende Traubenkirsche und eine üppige Edelkastanie echte Blickfänge. Bevor Fichten das Sonnenlicht schlucken, umgibt uns auf einem sonnigen Wegabschnitt hüfthoher Farn. Der Sandweg verengt sich hinter einer Kreuzung.

1826 wurde der Klever Reichswald neu vermessen und schachbrettartig in sogenannte Jagen eingeteilt, die auf sieben Forstreviere verteilt waren. Das übersichtliche Wegesystem erleichterte die Orientierung und damit auch Holzentnahme, Überwachung und Waldpflege.

Holzbrücke bei den sieben Quellen

Buche und Eiche

In ihrer stillen Kraft strahlen eine doppelstämmige alte **Buche** und eine **mächtige Eiche** ❹ eine urtümliche Schönheit aus. Unwillkürlich kommen uns die Bataver in den Sinn. Der germanische Stamm, der vor gut 2000 Jahren zu den Elitekämpfern im Römischen Imperium zählte, kannte sich im Gebiet zwischen Rhein und Waal aus. Der Wald, der sich damals von Xanten bis nach Nimwegen erstreckte, war den Batavern heilig. Und das ist kaum verwunderlich, bot er ihnen doch Schutz und Nahrung, Brenn- und Baumaterial. Außerdem ließen sich mit Tinkturen aus Kräutern, Beeren, Rinden und Wurzeln Wunden heilen.

An einer Kreuzung wählen wir rechts den Wanderweg **A 4,** der uns weitgehend im Schatten von Bäumen unterschiedlicher Arten zu einer weiteren Kreuzung bringt. Geradeaus und dann leicht abwärts führt unsere Route an urigen dickstämmigen Birken entlang. Farn wogt unter schlanken Kiefern. Geradeaus über eine Kreuzung und an einem rechten Abzweig vorbei verläuft die sehr sandige Strecke im Linksbogen. Hinter einer weiteren Kreuzung geradeaus, beschreibt eine als Kranich-Strecke markierte Nordic-Walking-Route einen Linksbogen. An der nächsten Kreuzung rechts ab, kommen wir an einer Eiche mit malerisch abgebrochenen Ästen vorbei. Fichten, Kiefern, Buchen, Ebereschen, Birken und heimische Eichen mischen sich mit Roteichen. Eine tiefe Furche prägt diesen Waldbereich. Wir ignorieren die rechts und links abknickenden Wege, halten uns an einer Gabelung rechts und erreichen von leisem Blätterrauschen begleitet unseren Parkplatz.

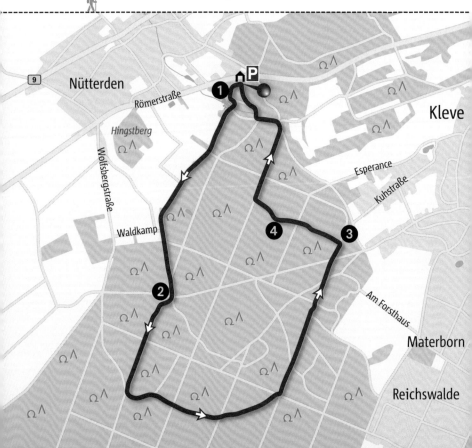

WIE & WANN:
Pfade, geschotterte und unbefestigte Wege; ganzjährig interessant

HIN & WEG:
Auto: Parkplatz Sieben Quellen, Nimweger Straße/Römerstraße,
47533 Kleve (GPS: 51.786700, 6.078373)
ÖPNV: von Emmerich Bf. Bus SB 58 bis Nütterden Kirche; von dort ca. 1,2 km Fußweg
zum Ausgangspunkt über Hoher Weg, links weiter auf Sieben Quellen, rechts Schaafsweg,
rechts Römerstraße

ESSEN & ENTSPANNEN:
Picknickplatz bei den Sieben Quellen ❶
ca. 6 km von der Strecke entfernt: Caféhaus Niederrhein, Bahnhofstraße 15,
47559 Kranenburg, Tel. (0 28 26) 91 74 56, www.cafehaus-niederrhein.de
Diverse weitere Einkehrmöglichkeiten in Kleve und Kranenburg

ENTDECKEN & ERLEBEN:
Sieben Quellen ❶ mit Picknickplatz
Rotes Tor zum Wildgehege ❷
Köhlerberg ❸
Buche und Eiche ❹

Entspannung ✳ ✳ ✳ ✳ ✳
Genuss ✳ ✳ ✳ ✳ ✳
Romantik ✳ ✳ ✳ ✳ ✳

* 7,5 Kilometer
* 47 Höhenmeter
* 2 Stunden
* Rundweg

Vorsicht giftig: Fingerhut am Wegesrand

Anders als der Name Dingdener Heide es vermuten lässt, finden sich in dem Naturschutzgebiet an der Grenze zwischen Niederrhein und Münsterland ganz unterschiedliche Landschaftsräume. Einen kleinen Eindruck davon vermittelt uns der Zeitfenster-Überblick ❶ an der Parkplatzzufahrt. Ein Findling macht auf die Landschaftsgeschichte der Dingdener Heide aufmerksam, während Infotafeln zum Wolfsland Nordrhein-Westfalen ❷ am Wiesenrand auf einzelne, streng geschützte Wölfe hinweisen, die hier ideale Lebensbedingungen finden. Geradeaus leitet uns ein von Eichen gesäumter Pfad am Feldrand entlang. Hinter einem Feld, das sich rechts erstreckt, orientieren wir uns an der Gabelung nach rechts. Nach einem Linksschwenk überspannt ein Holzsteg einen Bach, wo wir uns – dem Dingdener-Heide-Rundweg folgend – an einer Gabelung rechts halten. An der Verzweigung hinter einer Bank wählen wir den linken Pfad und verlassen hier den gekennzeichneten Rundweg. Eine weitere Bank steht an einer kleinen Kreuzung, an der uns links ein Holzsteg über ein morastiges Bachbett führt. Da-

Die Dingdener Heide, seit 1987 unter Naturschutz, bietet seltenen Vogelarten, Eidechsen und Fröschen eine Heimat. Zeitfenster-Tafeln rekonstruieren die Landschaftsbilder der vergangenen 700 Jahre und bringen uns den Alltag der Menschen nahe, die deren Wandel beeinflusst haben.

Zeitfenster
Unterwegs in der Dingdener Heide

hinter rechts zieht sich im Wald ein schmaler Pfad an einer Grünfläche entlang.

Baumwurzeln und Zapfen machen den Untergrund etwas unwegsam. In einem luftigen grünen Gewölbe aus Brombeeren, Farn und Ebereschen fühlen wir uns angenehm vom Alltag abgeschirmt. Der Mumbecker Bach, der sich zuvor unter dichtem Bewuchs versteckt gehalten hatte, kommt nun in unser Blickfeld und mäandert durch sein kleines Waldtal. Wir verlassen den Wald und wandern an einem von Holunder und Gräsern gesäumten Kornfeld entlang. Wind lässt die Blätter schlanker Pappeln wie Wasser rauschen. Dann nimmt uns ein charmantes Durcheinander großer und kleiner Laub- und Nadelbäume auf. Buchen bilden in dem Wald eine Allee, neigen ihre Äste weit hinab und lassen ihre Wurzeln über den Boden schlängeln. Der Bach kommt wieder näher an uns heran, das kleine Tal ist mit Buchen bewachsen. Unser schmaler Weg windet sich links durch die Bäume. Der strukturlose Wald mit Wildnis-Charakter gefällt uns gut.

Treppe im alten Märchenwald

Eine Brücke mit einem verwitterten Metallgeländer überspannt mit knappem Abstand ein Bachbett. Im leichten Auf und Ab geht es unter Buchen und Eichen am Feldrand entlang. Ein renoviertes Haus war einst das Hotel Drießen, das in den 1960er-Jahren Startpunkt für einen Rundgang durch den Märchenwald Drießens Busch war. In einem hallenartigen Laubwald steigen wir rechts über eine verwitterte Steintreppe mit einem stabilen Metallgeländer hinab. Im lauschigen Bachtal bleibt es unserer Fantasie überlassen, welche Wesen die verfallenen Gebäude im **einstigen Märchenwald ❸** bewohnt haben mögen. Und es vielleicht noch tun …

Bevor wir uns an diesem vergessenen Ort endgültig in Kindheitsträumen verlieren, steigen wir über eine Betonplatte trockenen Fußes ans andere Bachufer und finden dahinter rechts eine weitere kleine Ruine. War das früher einmal der Brunnen des Froschkönigs? Der hat sich ja vor märchenhaften Zeiten schon in einen Prinzen verwandelt und lebt – wenn er nicht gestorben ist – heute noch in einem feudalen Schloss. An einer kleinen Weggabelung halten wir uns rechts und stehen vor einer flügellosen Windmühle mit vielen Fenstern. Früher einmal haben sich ihre Flügel gedreht, sobald eine Münze eingeworfen wurde.

Für uns geht es dort rechts und an einer Eichenschonung entlang weiter. Am Wegesrand freuen wir uns über den urigen Anblick einiger seltsam gewachsener Baumwesen. Wir wandern über den mit Wurzeln durchzogenen Waldweg an zwei Feldern vorbei, die sich linker Hand erstrecken. Gleich hinter dem zweiten Feld orientieren wir uns nach links und wählen gleich danach den links abschwenkenden Weg am Feldrand entlang, der in die **Krechtinger Straße** mündet. Wir folgen ihr nach links, ignorieren einen rechten

✿ Für die Seele

Durch Zeitfenster nehmen wir den Wandel der Landschaft in der Dingdener Heide wahr, in einem alten Märchenwald verlieren wir uns in Kindheitsträumen.

kleinen Abzweig in den Wald und biegen dann rechts in einen breiten Weg ein, der sich durch einen Kiefernwald schwingt. Den ersten, schmalen rechten Abzweig missachten wir, doch der nächste rechte Abzweig leitet uns zum **Bußter Weg.** Rechts ab gelangen wir zu einem Abzweig, der uns links in die **Kleine Dingdener Heide ❹** bringt. Infotafeln erklären, warum die

Im Feuchtbiotop Dingdener
Heide, das zu den größten
Nordrhein-Westfalens zählt,
können wir Arten wie den
Großen Brachvogel, Ufer-
schnepfe und Rotschenkel
beobachten. Im Frühling
blühen Sumpfdotterblumen,
Schwertlilien, Kuckuckslicht-
nelken und Storchschnabel.

historisch begründete Feuchtheide wiederhergestellt wird. Eine ihrer Besonderheiten ist die dicke Tonschicht, die unter dem sandigen Boden den Zugang zum Grundwasser versperrt und Regenwasser staut.

Nach einer Weile treffen wir auf **Finkenberg** und folgen der Straße wenige Schritte nach links. Unmittelbar vor einem großen Feld zweigt rechts der markierte **Dingdener Heide Rundweg** ab. Auf dem Acker, an dessen Rändern Wiesenkerbel und hohe Gräser wachsen, rennen Hasen um die Wette. Unter dicht belaubten Bäumen wandern wir im Linksbogen zu einer Kreuzung und überqueren geradeaus die geschotterte **Straße Konstantinforst**. Der Straßenname erinnert daran, dass der nach Konstantin Alexander Joseph Johann Nepomuk III. Fürst zu Salm-Salm benannte Wald noch immer in fürstlichem Besitz ist.

An der nächsten Kreuzung biegen wir rechts in einen festen Forstweg ein und orientieren uns an der Kreuzung mit einer **Schutzhütte** nach rechts. Die Schotterstraße **Beltingshof** führt zwischen Feld und Wald am rechts abbiegenden Konstantinforst und an den Zufahrten eines Gehöfts vorbei. Dort finden wir das **Zeitfenster Ackerland ❺**. Es erläutert die intensive Viehhaltung, die sich in den 1960er-Jahren etablierte. Wiederkäuende Kühe schauen uns von einer Wiese aus an und zeigen, wie gut es Tieren in artgerechter Haltung gehen kann.

An einer Kreuzung mit einer Bank wählen wir den etwas nach links versetzten **Leopoldskamp** geradeaus. An der Gabelung, die unmittelbar folgt, ignorieren wir den links abzweigenden Wirtschaftsweg und bleiben dem Leopoldskamp treu. In von Wald begrenzten Wiesen liegt ein einzelnes Backsteingebäude. Locker verteilen sich Birken, Eichen und Kiefern auf einer Heidefläche, die sich alljährlich im Spätsommer mit lilafarbenen Blüten schmückt. Vom Wegrand aus blicken wir auf ein Stillgewässer, aus dem ein Froschkonzert ertönt. Wir sehen sie zwar nicht, haben aber gelesen, dass es sich um Grasfrösche und Laubfrösche

handelt, die hier in den 1990er-Jahren erfolgreich angesiedelt wurden.

Ein rechts abknickender Weg lässt uns tiefer in den Wald eintauchen. Unter hohen, ineinander verwobenen Baumkronen nimmt uns niedriger Baumnachwuchs die Sicht. Einen ersten linken Abzweig ignorieren wir, biegen aber bei der nächsten Gelegenheit links ab. Am **Zeitfenster Grünland** ⑥ steigen wir die Stufen zu einer **Aussichtskanzel** hinauf und überblicken von hier aus in aller Ruhe die vom Mumbecker Bach gespeisten Feuchtwiesen und von Kopfweiden gesäumte Wasserläufe. Seltene Vögel sehen wir zwar nicht, aber zwei Störche staksen durch die Wiesen und halten Ausschau nach Beute. An einem morastigen Still-

Wasserbüffel am Stillgewässer

gewässer weiden Wasserbüffel, die sich ganz nebenbei um die Landschaftspflege kümmern.

Wir wandern auf dem Hauptweg weiter. Auf einer Wiese, die sich rechter Hand ausdehnt, wirken Büsche und kleine Bäume wie eingesprenkelt. Am **Zeitfenster Hudewald 7** erfahren wir, dass hier eine Waldweide nach historischem Vorbild entstehen soll.

In einer Kurve folgen wir der Straße **Zum Venn** geradeaus. Zwischen einem Waldstreifen und Feldern verläuft sie im Linksbogen zu einer landschaftlich reizvollen Feuchtwiese, in der – im Frühling unüberhörbar – Frösche leben. An einer Gabelung bringt uns rechts die **Klausenhofstraße** zurück zu unserem Parkplatz.

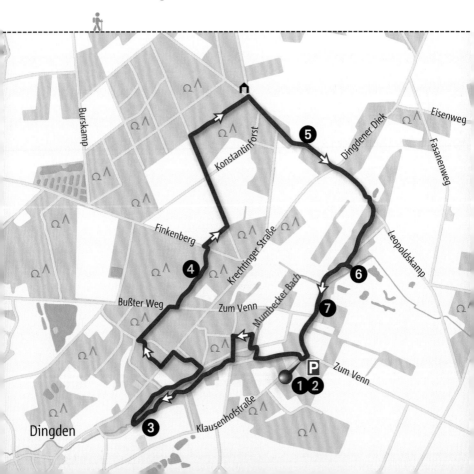

WIE & WANN:
Waldwege und -pfade, einige Abschnitte führen über Asphalt- und Schotterstraßen;
ganzjährig schön, doch in den Sommermonaten kann der Eichenprozessionsspinner
ein Thema sein

HIN & WEG:
Auto: Parkplatz „Alte Schäferei", Klausenhofstraße/Ecke Zum Venn,
46499 Hamminkeln-Dingden (GPS: 51.779798, 6.653683)
ÖPNV: keine direkte Anbindung an die Strecke

ESSEN & ENTSPANNEN:
Rucksackverpflegung nicht vergessen!
Diverse Einkehrmöglichkeiten in Dingden (ca. 2 km Kilometer von der Strecke entfernt), z. B.:
Gasthof Küpper, Weberstraße 21, 46499 Hamminkeln, Tel. (0 28 52) 21 14, www.gasthofkuepper.de
Café Winkelmann, Bocholter Straße 2, 46499 Hamminkeln, Tel. (0 28 52) 22 53,
www.cafe-winkelmann.de

ENTDECKEN & ERLEBEN:
Zeitfenster-Überblick **➊**
Infotafel Wolfsland NRW **➋**
Einstiger Märchenwald Drießens Busch **➌**
Kleine Dingdener Heide **➍**
Zeitfenster Ackerland **➎**

Entspannung ✸✸✸✸✸
Genuss ✸✸✸✸✸
Romantik ✸✸✸✸✸

Zeitfenster Grünland mit Aussichtskanzel **➏**
Zeitfenster Hudewald **➐**

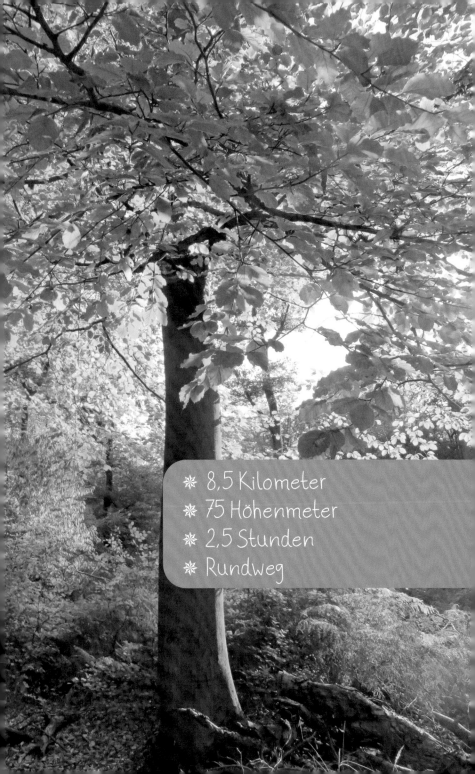

* 8,5 Kilometer
* 75 Höhenmeter
* 2,5 Stunden
* Rundweg

Vom **Ganghoferweg** zweigt links neben dem Parkplatz die Straße **Hammerstein** ab. Einen Wald, der am Ende einer Villensiedlung beginnt, benennt eine Infotafel als **Naturschutzgebiet Schengerholzbachtal**. Etwas weiter geradeaus erreichen wir eine Holzbarriere, hinter der links der **Kuckucksweg** als fester Waldweg abknickt. Einen breiten Abzweig lassen wir links liegen und finden uns auf dem **magentarot markierten Pilgerweg des Bistums Essen** wieder. Zwischen Eichen, Fichten, Birken, Kiefern und Buchen schlängelt sich ein Bach mit farnbewachsenen Ufern durch das flache Gelände, bemooste Baumstämme liegen quer über dem Wasser. Wir hatten vor der Wanderung bereits gelesen, dass Schengerholzbach und Bühlsbach dieses Gebiet mit Quellen und Tälern prägen. Doch mit einer derart wunderbar verwunschenen Waldstimmung hatten wir mitten im großstädtischen Mülheim kaum gerechnet.

Den weichen Untergrund empfinden wir als sehr angenehm. Eichen mit rissigen Stämmen säumen den mit viel Laub bedeckten Wanderweg **A 5**, der uns zur **Großenbaumer Straße** leitet. Rechts laufen wir unter Bäu-

Großzügiges Erbe
Mülheim-Duisburger Stadtgrenze

men parallel zur Straße, von der wir uns nach einer Weile rechts auf dem als **A 5** markierten **Vogelherdweg** entfernen. Während sich zwischen Erlen, Lärchen, Roteichen und Kiefern ein üppiger Unterbewuchs ausbreitet, ist der Boden im Buchenwald gegenüber nur mit Laub bedeckt. Schmale Bachläufe durchziehen das Gelände.

An einem **Schutzpilz** ❶ erfahren wir etwas über die Erholungsfunktion des Waldes. Links wählen wir den **Broicher Waldweg,** um unmittelbar darauf links dem **Ellenbruch** zu folgen. Von flachen Wassergräben begleitet durchquert er ein von Rinnsalen durchzogenes Waldstück. Wie in grünen Samt gehüllte Riesenschlangen winden sich bemoοste Baumwurzeln über das Erdreich. An einer Bank treffen wir auf den als **A 2** markierten **Rottweg,** wo wir uns nach rechts wenden.

An der nächsten Kreuzung durchschreiten wir links eine Holzschranke, wo gleich rechts im Naturschutzgebiet Hangquellen an der Tannenstraße ein Pfad abknickt. Schüttere Buchen ragen über einem Dickicht aus Sträuchern und niedrigen Bäumen auf. Hörbar erinnert uns die nahe Autobahn A 3 daran, dass wir mitten in der Metropole Ruhr sind. Die beruhigende Waldatmosphäre wirkt der Geräuschkulisse entgegen.

Links biegen wir erneut in den asphaltierten Rottweg ein. Welche unterschiedlichen Wuchsformen ei-

Schutzpilz

ne Baumart bilden kann, zeigen uns Buchen in diesem Waldstück: Während die schütteren Exemplare zur Linken kaum Schatten spenden, filtern rechts üppige Laubkronen das Sonnenlicht. Und heckenartig gewachsene Buchen begleiten uns geradeaus. Wir ignorieren die rechts abzweigende Tannenstraße und folgen unserem als A 1/A 2 markierten Rottweg an einer Verzweigung rechts durch einen Laubwald mit zahlreichen Bächen. Verdrehte **Eichen** wirken wie im Tanz ineinander verschlungen, mit etwas Fantasie bildet ein Stammpärchen sogar ein Herz. Auf einer Bank verlieren wir uns gedanklich nur allzu gern in der Welt dieser Waldwesen.

Der Rottweg nimmt uns unbeirrt geradeaus mit durch dicke Buchen, hinter denen eine junge Baumgeneration heranwächst. Unmittelbar vor einer Kreuzung mit einer Ruhebank unterquert ein Bach unseren Weg, eine Schautafel gibt uns Informationen zum Naturschutzgebiet Hangquellen an der Tannenstraße. Während rechts der Ganghoferweg abschwenkt, entscheiden wir uns links für die Straße **Am Kreuz** und überqueren den Worringer Reitweg. Auf der anderen

Die Ruhr, von Mülheim bis Duisburg schon vor ihrem Ausbau schiffbar, diente bis zum Bau der Ruhrtal-Eisenbahn dem Kohletransport zum Rhein. Montangüter und Wassermühlen machten Mülheim zum Handelszentrum, aus dem ein Technologie- und Wissensstandort wurde.

❀ Für die Seele

Villen und Wege, die im Broich-Speldorfer Wald vor gut 100 Jahren entstanden, mussten den Waldcharakter wahren, den wir bei unserer Wanderung genießen.

Seite überschreiten wir geradeaus die Mülheimer Stadtgrenze und wandern in Duisburg weiter.

Einen sandigen Reitweg überqueren wir und halten uns an der Gabelung danach rechts. Ein von jungen Buchen, Sommerflieder und stacheligen Ilexblättern gesäumter Pfad trifft auf einen Schotterweg, dem wir rechts hinauf folgen. Ein sanfter Hügel entpuppt sich dank einer Infotafel als in der Eiszeit entstandene **Hochterrasse des Rheins.** ❸ Buchen werden von Stechpalmen abgelöst. Lärchen bewachen zwei Bänke, die in einigem Abstand am Fuß des Hangs stehen. Unser Schotterweg beschreibt einen Rechtsbogen. An einer Kreuzung weist ein Stein rechts auf den ansteigenden Hombergweg hin, der an einer Wiese endet. Davor führt links der Wanderweg A 2 an alten Buchen vorbei hinab. Etwas weiter abwärts liegt rechts neben dem Weg ein **Findling** ❹, den laut Infoschild skandinavisches Gletschereis vor etwa 100.000 Jahren hierher verfrachtete.

Nachdem wir die Talsohle und leicht hinauf eine Kreuzung erreicht haben, biegen wir dort und an der darauffolgenden Gabelung erneut rechts ab. Der mit Baumwurzeln durchwirkte lockere Sandweg steigt leicht an. Um uns breitet sich niedriges Gehölz aus, über das sich Buchen, Fichten, Kiefern und Birken erheben. Wir überqueren eine Lichtung mit einer Wiese, auf der man einen gemauerten **Grillplatz** ❺ mit einer Hütte mieten kann.

Findling

Nachdem wir den Worringer Reitweg erneut überquert haben, leitet uns der etwas nach links versetzte Wanderweg **A 2** geradeaus. An einem Maschendrahtzaun teilen sich drei Wege auf. Der mittlere bringt uns als A 2 gekennzeichnet in sanften Schwüngen und von Eichen flankiert durch einen Buchenwald. Wir überqueren den Ganghoferweg und laufen geradeaus an einem Anwesen vorbei, hinter dem uns unmittelbar links der als **A 2** markierte, unbeschilderte Hammerstein aufnimmt. Solche parkähnlichen Grundstücke erinnern hier im Broich-Speldorfer Wald an die einst übermächtige Sehnsucht der Menschen im Ruhrgebiet, dem von der Montanindustrie

Die 1906 geplante Broich-Speldorfer Gartenstadt sollte abseits vom Smog zum Villenviertel mit Waldcharakter werden. Maximal 10 Prozent der mindestens 12.500 Quadratmeter großen Waldgrundstücke durften bebaut werden. Das mäßig erfolgreiche Projekt löste sich 1933 auf.

Tanzende Eiche

erzeugten Lärm und Dreck zu entkommen. Reiche Industrielle erfüllten sich diesen Wunsch.

Birken neigen ihre Stämme über den Weg. Von Bächen durchzogener Auenwald erstreckt sich zu unserer Rechten. Wir überqueren die Tannenstraße und wandern ungeachtet aller Abzweige geradeaus zum **Broicher Waldweg** weiter. Er bringt uns links zwischen dem Waldrand und einem großzügigen Villengrundstück zu einer Kreuzung. Geradeaus liegt die Gaststätte **Jagdhaus Tannenhof.** ❻ Uns bringt rechts der Ganghoferweg zum Parkplatz. Vorher kommen wir noch am **Waldstadion** ❼ des Hockey- und Tennisclubs Uhlenhorst vorbei, dessen Hockeyabteilung zu den deutschen Rekord-Titelträgern zählt.

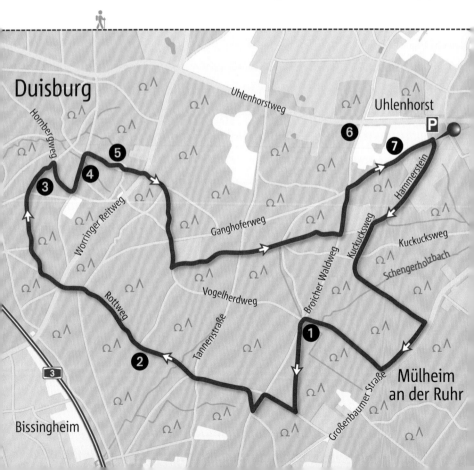

Alles auf einen Blick

WIE & WANN:
Befestigte Wege, unbefestigte Waldwege und Pfade, asphaltierte und gepflasterte Straßenabschnitte. Ganzjährig schön; bei feuchter Witterung können einige der Pfade sehr rutschig sein

HIN & WEG:
Auto: Wanderparkplatz Ganghoferweg,
45479 Mülheim an der Ruhr (GPS: 51.408639, 6.842042)
ÖPNV: ab Mülheim Hbf. Linie 102 bis Mülheim Uhlenhorst
(Einstieg in die Wanderung am HTC Uhlenhorst, Ganghoferweg in unmittelbarer Nähe)

ESSEN & ENTSPANNEN:
Jagdhaus Tannenhof ❻ Broicher Waldweg 180, 45479 Mülheim an der Ruhr,
Tel. (02 08) 65 62 07 67

ENTDECKEN & ERLEBEN:
Schutzpilz ❶ mit Informationen über die Erholungsfunktion des Waldes
Eichen „im Tanz" ❷
Hochterrasse des Rheins ❸
Findling ❹
Grillplatz ❺
Waldstadion ❼ des Hockey- und Tennisclubs Uhlenhorst

Entspannung ✶✶✶✶✶
Genuss ✶✶✶✶✶
Romantik ✶✶✶✶✶

* 9,8 Kilometer
* 294 Höhenmeter
* 3,5 Stunden
* Rundweg

Glockenblumen

Ein geschnitzter Schriftzug markiert am Waldparkplatz den **Poesiepfad,** dem wir ein Stück folgen werden.
Bequem und sanft steigt er zwischen einer Schützen-
festwiese und einem Vogelschießstand an. Eine Tafel
erwähnt Fischteiche, die das im 12. Jahrhundert ge-
gründete Kloster Rumbeck betrieb. Relikte der **historischen Teichanlage** sind als Bodendenkmal geschützt,
das vom Mühlbach gespeiste Tal steht als artenreiches Biotop unter Naturschutz.

*Die Literarische Gesellschaft
Arnsberg und das Lehr- und
Versuchsforstamt Arnsberger
Wald präsentieren auf dem
„Poesiepfad" im Wechsel der
Jahreszeiten Gedanken zur
Natur, die von Lyrikern und
Philosophen der Gegenwart
und Vergangenheit in dichte-
rische Worte gefasst wurden.*

Dem Begriff „Kulturlandschaft" kommt hier im
Arnsberger Wald eine tiefere Bedeutung zu, denn das
Mühlbachtal ist mit Poesie erfüllt. In Holzkästen hängen Zettel mit Gedichten, die uns einladen, die Natur
mit dem Feingefühl eines Lyrikers zu betrachten. So
öffnen sie unsere Augen für neue Zusammenhänge
und lassen uns selbst Altvertrautes anders wahrnehmen.

Linker Hand erhebt sich ein Hang mit Fichten, auf
die ein Laubwald folgt. Rechter Hand spiegeln sich
Bäume in einem der Teiche. Der Mühlbach plätschert
durch die Aue, hält sich aber überwiegend in dem Be-

Voller Poesie

Waldkultur in Rumbeck

wuchs vor unseren Augen verborgen. Die anregenden
Naturgedanken der Poesie-Stationen greifen wir nur
allzu gern auf. Aber dann verlassen wir den rechts abschwenkenden Poesiepfad und wandern weiter aufwärts.

Es gibt kaum Schatten, dafür erfreuen uns zartrosa
blühender Wasserdost, beruhigend wogender Baldri-

an und sonnengelber Gilbweiderich. An einer Verzweigung wählen wir die rechte Möglichkeit und behalten unsere Richtung bei. Auf der gegenüberliegenden Talseite sehen wir einen Fichtenwald, dem Sturmgewalten zugesetzt haben. Zerknickte und entwurzelte Bäume lassen ahnen, welcher Schaden durch die Stürme der vergangenen Jahre entstanden ist.

An einer Kreuzung mit hohen Stelen laden in einen Baumstamm gesägte Sitze zu einer willkommenen Verschnaufpause ein. Eine Schautafel setzt den historischen Fischteichen, die gleichzeitig ein Trinkwasservorrat waren, die neuzeitliche Art der Wassergewinnung entgegen. Wir schwenken rechts ab und werden in einem sonnigen Streckenabschnitt von vielen Schmetterlingen begrüßt. Die Ackerkratzdistel zieht als Nektarquelle Arten wie Kaisermantel, Großer

Kohlweißling und Tagpfauenauge magisch an. Uns bescheren die Tagfalter mit ihren filigran gezeichneten Flügeln Momente beschwingter Leichtigkeit.

Wir überqueren den Mühlbach. Rechter Hand erstreckt sich am Hang unter uns die Windwurffläche, die wir von der anderen Talseite aus gesehen haben. Einen Forstweg lassen wir links liegen und wandern zwischen Nadelbäumen hindurch weiter aufwärts. Glockenförmige Fingerhutblüten schmeicheln mit pastelligen Rottönen unseren Augen.

Am Rand eines Buchenwalds knickt scharf links ein Wanderweg ab, der mit einem H in einer **Raute** markiert ist und uns durch einen Mischwald mit mehreren Baumgenerationen bringt. An einem T-Abzweig links entdecken wir an einem Baum einen laminierten Zeitungsschnipsel. Derjenige, der hier das Konzept des Poesiepfades aufgegriffen hat, hat die Zeilen von Karl Bröger für uns perfekt gewählt: „Morgensonne lächelt auf mein Land, Wälder grünen her in dunklem Schweigen …"

Unten treffen wir auf einen Querweg, biegen links und an der nächsten Verzweigung ebenfalls links ab.

Die Schönheit der Fingerhutblüten birgt Tücken: Je nach Dosis kann ihr Wirkstoff tödlich oder, bei Herzschwäche richtig angewendet, heilsam sein.

❀ Für die Seele

Die Poesie der Natur wird durch Gedichte unterstrichen, die uns unter die Haut gehen. In einem Landgasthof mit Wohlfühlcharme klingt der Wandertag aus.

Gelbes Springkraut und blaue Glockenblumen wachsen an einer **Schutzhütte,** hinter der wir dem scharf rechts abknickenden Wanderpfad mit der bekannten **Raute** folgen. Neben uns zieht sich ein breiter Graben durch den Wald. Teilweise erkennen wir in dem abschüssigen, unebenen Gelände nur an der Wandermarkierung, dass wir noch auf dem Pfad sind. Eichen- und

Buchenlaub raschelt unter unseren Füßen und deckt die Unebenheiten zu, sodass wir sehr aufmerksam auf unsere Schritte achten. Über einen breiten Querweg hinweg orientieren wir uns weiter geradeaus an der Raute-Markierung. Der Graben zur Rechten ist jetzt wesentlich markanter. Unser Pfad mündet in einen festen Weg, der uns rechts durch eine Schranke leitet.

Neben einer Tennisanlage nimmt uns geradeaus die unbeschilderte Straße **Am Hellefelder Bach** auf, die einen Linksbogen beschreibt. Wir sehen zwar vor uns schon die Straße Teutenburg, doch unsere Route schwenkt davor rechts an einem Bach ab, der sich zu einem Teich verbreitert. Aber zunächst kommt die vor uns liegende, in den Sommermonaten geöffnete Gastronomie im **Tennisclub Blau-Gold Arnsberg ❶** wie gerufen. Bei einem erfrischenden Getränk und netten Gesprächen ruhen wir im Gastgarten ein wenig aus.

Anschließend kehren wir um und biegen an der Kreuzung links ab. Uns führt die **Raute**-Markierung oberhalb der Tennisanlage, die zur Linken liegt, am Hellefelder Bach durch das **Naturschutzgebiet Unteres Hellefelder Bachtal**. Auf niedrige Birken, Hainbuchen und Ahorne folgen hohe Buchen und Eichen. Wasser fließt aus dem Hang ins Tal und speist den Bach, der sich durch die Auenlandschaft windet. Ein Gehöft mit Pferdekoppeln liegt am anderen Bachufer. Wenig später folgen wir schräg rechts vor uns der **Sauerland Waldroute,** die, mit einem **weißen W auf grünem Grund** markiert, parallel zum Hauptweg verläuft. (Bitte die scharf rechts abknickende Wandermarkierung mit dem weißen Quadrat ignorieren.)

Die Sauerland Waldroute macht an einer kleinen Gabelung einen Rechtsschwenk und führt an einem Jägerzaun zu unserer Linken steil bergauf. Der eingezäunte Kletterpark gehört zum **Jugendhof Wilhelm Münker ❷,** der dem Sauerländischen Gebirgsverein (**SGV**) als Bildungsstätte dient. Im Linksbogen erreichen wir am Zaun entlang einen Zugang zum Jugendhof. Von mehreren Verzweigungen nehmen wir den anstei-

Kanzel im Wald

genden Weg, der mit einem **weißen Quadrat** auf schwarzem Grund markiert ist. Er führt schräg rechts hinauf in den Wald (bitte nicht den ganz rechten Abzweig nehmen!).

In schwungvollen Bögen geht es steil den Hang hoch. Nun fassen wir eine **Raute**-Markierung ins Auge und wenden uns an einer Gabelung nach rechts. Wir sind an der urwüchsigen **Taubeneiche** ❸ angekommen, die ihre mächtigen Äste über uns ausstreckt. Warum der Baum so heißt, konnte uns bisher niemand sagen.

Die Taubeneiche

Man darf also der Fantasie freien Lauf lassen und sich eine eigene Legende ausdenken.

Das Gelände zu unserer Rechten fällt steil ab. Der Pfad trifft bald wieder auf den Hauptweg, der in einen breiten Querweg mündet. Wir halten uns leicht links, folgen unmittelbar rechts der Markierung mit dem **weißen Quadrat** und nehmen den stark ansteigenden Abzweig, der vor uns leicht nach links verläuft. Das Quadrat behalten wir weiter im Blick und treffen auf einen festen Querweg. Geradeaus laufen wir durch ein urtümliches Waldstück mit bizarren Baumstümpfen und umgestürzten Baumstämmen. An Bäume geheftete Zeitungsschnipsel überraschen wiederum mit Naturgedichten. Wir folgen der mit dem Quadrat markierten Strecke, die sich nach einem Rechtsbogen in weiten Kurven durch eine Fichtenparzelle schwingt. Moos breitet sich darin wie ein grüner Teppich aus, Nadeln fühlen sich unter unseren Füßen wie Watte an. Auf einer Bank lassen wir uns von der wohltuend ruhigen Waldstimmung einhüllen und nehmen uns Zeit für Langeweile.

Unsere mit dem Quadrat markierte Route steigt links in einem Mischwald sanft an und fällt dann zu einer Kreuzung hin ab. Leicht nach rechts versetzt verläuft ein unebener Weg geradeaus durch einen Laubwald. Abwärts gelangen wir über eine Kreuzung geradeaus zu einer weiteren Kreuzung. Unsere Wanderetappe geht eigentlich geradeaus weiter, wird aber von der undurchdringlichen Laubkrone eines umgestürzten Baumes versperrt. Wir weichen daher rechts aus und gehen am folgenden T-Abzweig links, wo von links der für uns zuvor blockierte Wanderweg ankommt.

Wir schlendern neben einem Kerbtal hinab zu einer Schranke, vor der rechts ein Pfad abknickt. Zwar gabelt er sich gleich, läuft später aber wieder zusammen. Uns erscheinen links Serpentinen angenehm, um problemlos hinab ins Waldtal zu gelangen. Holzbretter führen über einen Bach, hinter dem es bergauf geht. Neben einem Wildzaun fällt das Gelände ab zu einem weiteren Bach mit Holzbrettern. Dahinter links und an der Straße Mühlbachtal rechts liegt unser Parkplatz. Wer mag, kann davor rechts noch die von uns ausgelassene Etappe auf dem Poesiepfad erwandern.

Und die Poesie dieser Wanderung setzt sich im 500 Meter entfernten **Landgasthof Hoffmann** ❹ noch fort. Das Motto des Hauses nehmen wir wörtlich: „Genieß das Glück des Augenblicks!"

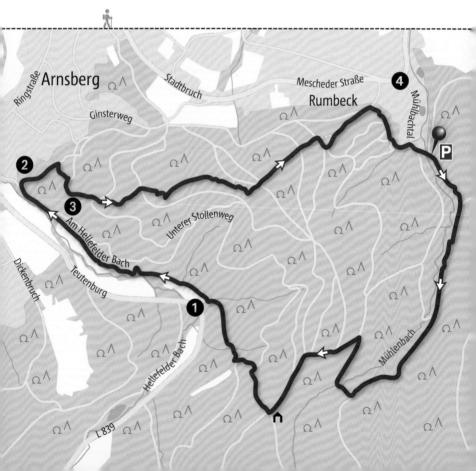

WIE & WANN:
Befestigte und unbefestigte Waldwege und -pfade; beste Wanderzeit April bis Oktober

HIN & WEG:
Auto: Waldparkplatz am Poesiepfad, Straße Mühlbachtal, 59823 Arnsberg
(hinter dem Gasthof Hoffmann rechts bis zum Ende der Straße durchfahren)
(GPS: 51.383189, 8.109720)
ÖPNV: RE 17 bis Arnsberg; ab dort Bus R 71 bis Rumbeck Kirche;
ca. 800 m Fußweg bis zum Ausgangspunkt über Mescheder Straße, Mühlbachtal

ESSEN & ENTSPANNEN:
Gastronomie im **TC Blau-Gold Arnsberg** ❶ Hellefelder Bachtal,
 59821 Arnsberg, Tel. (0 29 31) 1 24 03
Landgasthof Hoffmann ❹ Mescheder Straße 80, 59823 Arnsberg, Tel. (0 29 31) 1 30 48,
www.landgasthof-hoffmann.de

ENTDECKEN & ERLEBEN:
SGV Jugendhof Wilhelm Münker ❷
Taubeneiche ❸

Entspannung ✳ ✳ ✳ ✳ ✳
Genuss ✳ ✳ ✳ ✳ ✳
Romantik ✳ ✳ ✳ ✳ ✳

❊ 8,9 Kilometer
❊ 56 Höhenmeter
❊ 2,5 Stunden
❊ Rundweg

Rechts neben dem Parkplatz folgen wir parallel zur Straße Tiergarten einem Fußweg, der uns mit urtümlichen Hainbuchen und Eichen aufnimmt. Ein mit QR-Codes versehener Rundkurs durch den Tiergarten weist auf Besonderheiten hin und macht uns als Erstes auf den Schwarzspecht ❶ aufmerksam. Ein Loch in einem Baumstamm zeigt, dass der Vogel ein Meister im Höhlenbau ist.

Wenig später entfernen wir uns rechts von der Straße. Ein zweiter lehrreicher Punkt markiert an einem Altarm der Angel den Klappenkolk. ❷ Dort unterbrach der historische Flusslauf einen Zaun, den Fürstbischof Clemens August Herzog von Bayern im 18. Jahrhundert um sein Jagdrevier anlegen ließ. Pendelklappen verhinderten im sogenannten Klappenkolk ein Ausbrechen der Tiere, ohne den Wasserlauf zu beeinträchtigen.

Wir durchstreifen einen noch jungen Auenwald, der sich allmählich etablieren soll. An einer Wiese vorbei geht es im Wald an einer kleinen Wegteilung links ab. Mächtige Buchen säumen und befestigen das Steilufer der Angel. Am Wasser entlang erreichen wir eine Brücke, die uns einen schönen Ausblick über den Flussverlauf schenkt. Er soll ein Paradies für Eisvögel sein. Doch wir sehen leider keinen dieser fliegenden Edelsteine, deren Federkleid türkisblau und an der Unterseite rostrot leuchtet.

Aus einer Wiese schauen uns Kühe neugierig mit sanften Augen an. Gleich hinter der Brücke wandern

Neben altehrwürdigen Bäumen finden sich im Wolbecker Tiergarten kulturhistorische Relikte aus dem einstigen Jagd- und Erholungsrevier der Fürstbischöfe von Münster. Uns überrascht die Strukturvielfalt in dem naturnah bewirtschafteten Forst, der seit 1946 dem Land NRW gehört.

An der Angel
Im Tiergarten Wolbeck

wir links am Fluss entlang, der uns ruhig entgegen-
fließt. Bis vor etwa 100 Jahren durfte er ungehindert
Schleifen und Windungen bilden, wurde dann aber
in weiten Bereichen begradigt.

Im Rechtsbogen entfernen wir uns vom Wasser
und wenden uns an einer Kreuzung im Wald nach
rechts. Ein Schild besagt, dass wir auf dem Martinspättken ❸ sind. Zwar verläuft der breite Waldweg nach
links, wir gehen aber einige Schritte weiter geradeaus,
wo vor einer Holzschranke links ein Pfad abknickt.

Zwischen Gärten und Wiesen zur Rechten und
dem historischen Tiergarten zur Linken nimmt uns
ein Damm auf, der zu beiden Seiten von Entwässerungsgräben flankiert wird. Baumwurzeln von Eichen
und Buchen bilden kleine Stolperfallen, sodass wir

sehr bewusst auf unsere Schritte achten.
Am Wegesrand wecken kleine weiße
Buschwindröschen Frühlingsgefühle. Irgendwo kräht ein Hahn. Und obwohl die
Straße Am Steintor in Sicht- und Hörwei-
te rückt, hüllt uns eine wohlige Waldstimmung ein. Es ist ein schönes Gefühl, für
eine Weile ganz im Hier und Jetzt zu sein.

An einem Tisch mit zwei Bänken
dringt links ein breiter Forstweg tiefer in
den Tiergarten ein. Jahrhundertelang
hielten die Fürstbischöfe von Münster
jagdbares Wild in diesem Park. Außer einigen Wildkaninchen und Hunden be-
gegnen uns keine Tiere. Aber Vögel fül-
len den Wald mit ihrem Gesang, das
Hämmern einiger Spechte schallt zu uns
herüber. Wasserläufe neben uns sind mit
Seggen, Binsen und Gräsern bewachsen.
Wie Adern durchziehen Bäche den Waldboden.

An einer Kreuzung klärt eine Schautafel uns über
die Bedeutung der Wildnisgebiete im Tiergarten auf. Wir
biegen rechts ab. Wieder begleiten uns kleine Wassergräben. Eine Naturlehrpfad-Station zählt die hier hei-

mischen Schmetterlingsarten auf. Links leitet uns kurz danach ein breiter Abzweig an einer Jagdkanzel vorbei. In dem dicht bewachsenen Untergeschoss des Waldes finden sicher zahlreiche Tierarten Unterschlupf.

Ein QR Code macht die Einzigartigkeit der europäischen Eichen-Hainbuchen-Wälder deutlich. Uns begeistern die wundersamen Wuchsformen der Bäu-

Jagdkanzel im Tiergarten

 ## Für die Seele

Der Wolbecker Tiergarten war einst das Jagdrevier der Fürstbischöfe von Münster. In diesem vielfältigen Wald kommen wir entspannt vom Denken ins Fühlen.

Die Donnereiche, deren Alter auf 300 Jahre geschätzt wird, wurde von einem Forstmeister namens Donner vor dem Abholzen geschützt. Sie trägt im Sommer noch immer eine grüne Laubkrone. Das Naturdenkmal gilt als ältester Baum im Tiergarten.

me. An einem mit Wasserlinsen bedeckten Tümpel vorbei erreichen wir einen beachtenswerten Thujawald. ④ Der Riesenlebensbaum wurde als Versuchsbaumart in den Tiergarten gebracht, kann 1000 Jahre alt, 70 Meter hoch und 6 Meter dick werden.

Links ab passieren wir eine Waldwildnis, deren Entwicklung der Natur überlassen bleibt. Waldschlüsselblumen verzaubern uns mit zartgelben Blüten.

An der nächsten Kreuzung biegen wir links in einen mit Gras bewachsenen Weg ein, der sich durch die von Wassergräben geprägte Wildnis zieht. An der bekannten Kreuzung mit der Infotafel orientieren wir uns rechts. Buchen säumen Wassergräben, die wir an einer Kreuzung rechts verlassen. An einer Lehrpfad-Markierung führt rechts ein Schleichpfad zur Donnereiche. ⑤ Einige ihrer abgebrochenen Äste liegen auf dem Waldboden. Trotz ihrer Blessuren regt sich in ihren Wurzeln sehr viel Leben.

Zurück an unserer Hauptstrecke, halten wir uns rechts. An einer Kreuzung laufen wir geradeaus auf ein Gehöft zu und schwenken unmittelbar davor links ab. Das Gackern der Hühner auf dem Grundstück ist zu hören, bis uns eine Gabelung links in einen farnreichen Wald bringt. Eichen und Fichten haben, vermutlich durch die Stürme der vergangenen Jahre, etliche Äste eingebüßt. Entsprechend schmal sind ihre Kronen. Hainbuchen dagegen neigen ihre üppig belaubten Zweige fast bis auf den Boden.

Zwischen Büschen und jungen Bäumen treffen wir auf einen breiten Querweg. Geradeaus finden wir eine Bank, auf der wir die ruhige Waldatmosphäre genießen. Der weiche Boden fühlt sich gut an unter unseren Füßen, als wir unsere Wanderung durch einen artenreichen Wald fortsetzen. Buchen und Hainbuchen festigen die Böschung eines Wassergrabens zu unserer Rechten. An einer Kreuzung geradeaus ist die Naturwaldzelle Teppes Viertel ⑥ ausgewiesen, die bereits 1906 aus der forstwirtschaftlichen Nutzung genommen wurde.

Blick in den Thujawald

Fernrohre

An einem mit Holz eingefassten Weg richten stilisierte Fernrohre unsere Aufmerksamkeit auf kleinste Ausschnitte im Wald, sodass wir ihn wie ein Landschaftsfoto wahrnehmen. Rechter Hand verbreitert sich die Angel zu einem großen Teich, der auch von Wasserläufen aus dem Wald gespeist wird. Reglos lauert ein Graureiher auf Beute. Vor einer Hainbuchenreihe am Ufer gibt neben einer Bank eine Tafel Auskunft zum Feuchtbiotop am Forsthaus ❼ und zur Naturwaldzelle.

Wir treffen auf die Straße Tiergarten, der wir nach rechts folgen. Zu unserer Rechten liegt das privat genutzte Forsthaus, das eigentlich ein Jagdschloss ist. 1712 ließ Fürstbischof Franz Arnold von Wolff-Met-

ternich es bauen. Gegenüber trägt ein Grenzstein aus dem Jahr 1740 die Initialen des Fürstbischofs Clemens August von Bayern, der als Kurfürst und Erzbischof von Köln sowie als Fürstbischof von Münster, Paderborn, Hildesheim und Osnabrück als einflussreicher „Herr der fünf Kirchen" in die Geschichte einging.

An einem umzäunten Grundstück verläuft die Straße in einer Rechtskurve unter einer mächtigen Platane. Auf einer Brücke erfahren wir von einem weiteren QR-Code, dass hier nachts fliegende Räuber einfallen. Diese Landschaft ist ein Paradies für Fledermäuse. Mit diesem räuberischen Gedanken im Kopf verabschieden wir uns vom Tiergarten und folgen der Straße geradewegs zum Parkplatz.

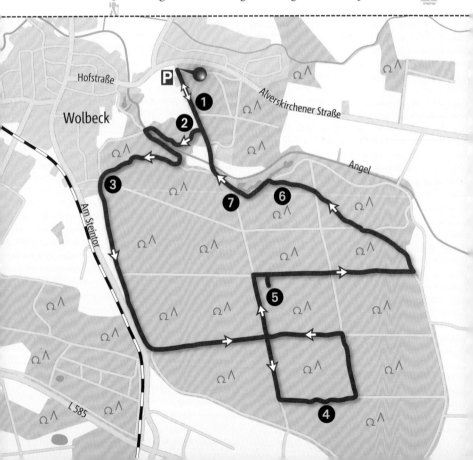

Alles auf einen Blick

WIE & WANN:
Asphaltierte, befestigte und unbefestigte Wege; besonders schön ist der Tiergarten,
wenn zarte Frühlingsblüten den Waldboden bedecken, und im Herbst,
wenn sich das Laub verfärbt

HIN & WEG:
Auto: Parkplatz an der Alverskirchener Straße/Ecke Tiergarten,
48167 Münster-Wolbeck (GPS: 51.917431, 7.737276)
ÖPNV: ab Münster Hbf. Bus R 22 bis Im Bilskamp

ESSEN & ENTSPANNEN:
Rucksackverpflegung nicht vergessen!
Einige Einkehrmöglichkeiten in Wolbeck

ENTDECKEN & ERLEBEN:
Schwarzspecht-Höhle ❶
Klappenkolk ❷
Martinspättken ❸
Thujawald ❹
Donnereiche ❺
Naturwaldzelle Teppes Viertel ❻
Feuchtbiotop am Forsthaus ❼

Entspannung ✺✺✺✺✺
Genuss ✺✺✺✺✺
Romantik ✺✺✺✺✺

Der Felderbach

❊ 8,7 Kilometer
❊ 207 Höhenmeter
❊ 2 Stunden
❊ Rundweg

Vor dem **Bandwebereimuseum Elfringhausen** ❶ bringt uns die **Felderbachstraße** links hinauf zu einem linken Abzweig. In Schlenkern wandern wir durch Wiesen ins Tal zu einem einsamen Haus, überqueren den Felderbach. Über Pflastersteine erreichen wir einen Waldweg, der uns rechts aufnimmt. Unterhalb liegen die Auen, durch die der Felderbach mäandert. Er wird von Quellen gespeist, die in den Höhen bei Sprockhövel entspringen. Doch auch kleine Bächlein aus dem Hang zu unserer Linken fließen ihm zu.

Stetig steigt der Wanderweg **A 5** in einem Fichtenwald an, der von mehrstämmigen Buchen abgelöst wird. Talwärts nehmen uns oft Laubkronen die Sicht. Doch dann schenkt uns eine Bank einen schönen Ausblick über die Auen des Felderbachs hinauf zu den Wiesenhängen der Elfringhauser Schweiz. Wir dringen auf unserem Wanderweg tiefer in den Wald ein. Zwei Kopfweiden wirken fremd in einem Areal mit Vogelkirschen. Einige Schritte weiter scheint eine dicke zweistämmige Eiche so sehr mit der Erde verwurzelt, dass sich ihre kraftvolle Standhaftigkeit auf uns überträgt.

Ein Bach unterquert unsere Strecke, die uns an einem Abzweig vorbei geradewegs in einen Nadelwald leitet. Hier herrscht geschäftiges Treiben: Ein ganzes Heer von Waldameisen wuselt um unsere Füße herum und krabbelt über unsere Wanderschuhe. Wir achten sehr behutsam auf unsere Schritte, um nach Möglichkeit keines der emsigen Insekten zu zertreten.

Bis in die 1970er-Jahre fertigten Weber zu Hause an Bandwebmaschinen im Auftrag von Wuppertaler Textilfirmen Bordüren, Hutbänder und andere Schmalgewebe. Die Hausbandweberei erlebte durch die Zerstörung der Fabriken nach dem Zweiten Weltkrieg noch einmal einen Aufschwung.

Die Elfringhauser Schweiz verdankt ihren Namen den Hügeln zwischen Hattingen, Wuppertal, Sprockhövel und Velbert am Übergang zwischen der Ruhr-Region und dem Bergischen Land. Das Wanderwegenetz in den Wäldern um das Felderbachtal verspricht pures Naturvergnügen.

Erfrischend schön

Die Elfringhauser Schweiz

Rastplatz

An einer Verzweigung wählen wir rechts den A 2 und laufen danach rechts hinab zwischen Erlen, Eichen, Holunder und Hainbuchen hindurch in ein malerisches Tal, in dem sich Bäche schlängeln. Vor uns erstreckt sich eine ausgedehnte Wiese. Den Felderbach erkennen wir darin nur an den Kopfweiden, die sein Ufer säumen. Im Linksbogen schwingt sich unser Weg hinauf in einen Wald. Einen Feldweg lassen wir links liegen und wandern abwärts weiter. Leise plätschert unter uns der Felderbach. Hinter einem kleinen Waldparkplatz orientieren wir uns links an der Wandermarkierung A2. Vogelgezwitscher und sanftes Wasserrauschen vereinen sich zu einer entspannenden Naturmusik.

Im Tal sehen wir einige Teiche. Bald zweigt vom Hauptweg rechts ein unbefestigter Pfad in ein bewaldetes Kerbtal ab, in dem weit unten ein Bach fließt. Wir genießen die lauschige Stimmung. Begleitet von stacheligem Ilex und an einem rechten Abzweig vor-

Ein Waldameisenstaat kann mehrere Millionen Tiere umfassen, die in Nadelwäldern ausgeklügelte Ameisenhügel und -straßen anlegen. Nach einer Kältestarre im Winter gehen sie unermüdlich ihrer Arbeit nach, lockern den Boden, verbreiten Samen und vertilgen Insekten.

bei geht es weiter nach oben, wo wir rechts wieder in den Hauptweg einbiegen. Linker Hand öffnet sich der Wald zum Wiesental hin. An einer Kreuzung mit einer **Hütte und Bänken ②** schwenken wir rechts und unmittelbar danach links in den unbefestigten **A 2** ab. Nach einer stark ansteigenden Linkskurve belohnt er uns an einem steil abfallenden Hang mit einer wunderbaren Aussicht.

An einer Wegteilung geht es links hinunter. Wir bleiben einen Moment stehen und betrachten das Felderbachtal, das uns wie ein gelungenes Landschaftsgemälde zu Füßen liegt.

Die Hattinger Hügellandschaft

 Für die Seele

Wälder, Bachtäler und Wiesen der Elfringhauser Schweiz verwöhnen uns mit Glücksmomenten, der Bergerhof mit Leckereien für eine zünftige Rast.

An einer Gabelung führt uns der linke, abschüssige Zweig weiter geradeaus. Ein Bach fließt aus dem Hang und wird durch Edelstahl-Überläufe wie ein Miniatur-Wasserfall auf unseren Weg geleitet. Es ist einfach zu verlockend, die Hände unter den erfrischenden Strahl zu halten.

Unser Weg gabelt sich. Links setzen wir uns zwischen zwei mächtigen Fichten auf eine Bank, gönnen uns eine Zeit der Muße und sammeln frische Kraft.

Auf festem Untergrund laufen wir in schwungvollen Bögen quer zu einem Hang. Bäche winden sich durch den Waldboden. Ein Windrad dreht sich gemächlich auf einer Hügelkuppe. Stille umfängt uns, die nur von leisem Vogelgesang unterbrochen wird. Aus einem farnbewachsenen Felsenhang tritt Wasser aus, das von sattgrünen Moosen aufgesogen wird. Wie sehr müssen die Menschen früher dieses grüne Paradies genossen haben … Ganz in der Nähe befindet sich in Hattingen die 1987 stillgelegte Henrichshütte, heute ein Industriedenkmal. Mehr als 150 Jahre lang verursachte die Produktion von Koks, Eisen und Stahl auf dem riesigen Industrieareal enormen Lärm und Dreck.

An einer Kreuzung steigt rechts der holprige Wanderweg A2/A5 an. Oben angekommen, entscheiden wir uns links für den A5. Links schwenkt ein Weg mit gebündelten Wandermarkierungen ab. Stetig ansteigend bringt er uns auf eine Kuppe. Wir verlassen den Wald und sind restlos begeistert: Von einem Wiesenhang schweift unser Blick über Hattingen bis nach Bochum, wo in der Ferne – umgeben von viel Grün – die weiße Kuppel der Sternwarte zu erkennen ist. Auf einer der zahlreichen Bänke verlieben wir uns schlichtweg in dieses Ruhrgebiets-Panorama.

Jagdkanzel im Wald

Landmetzgerei auf dem Bergerhof

Indem wir erst rechts, dann links abbiegen, erreichen wir den Bergerhof. ❸ Ein Wanderer hatte uns unterwegs schon erzählt, dass die Freilandgastronomie sehr beliebt ist. Tatsächlich sind viele der zahlreichen Tische mit langen Holzbänken besetzt. Hinter dem Imbiss-Futterhäuschen gibt es links im Hofladen Obst und Gemüse. Die hofeigene Landmetzgerei, die Wurstwaren nach traditionellen Rezepten herstellt, ist in einem hübschen bergischen Fachwerkhaus untergebracht. Dort führt vor einem Zaun links ein Schotterweg neben landwirtschaftlichen Gebäuden hinab und im Rechtsknick durch die Wiesen. Hinter einem Großstall halten wir uns links.

Unter Fichten hindurch gelangen wir in einen Buchenwald. Nistkästen sind als Unterschlupf für Fledermäuse gedacht, über die eine Schautafel informiert. Dieses idyllische Waldtal ist einfach herrlich. Ein Bach verbreitert sich zu einem großen Teich. Dort wenden wir uns nach links. Einen Bach überqueren wir, ein weiterer fließt neben uns am Fuß einer mit Moos und Farn bewachsenen Böschung, um dann in einer kleinen Felsspalte zu verschwinden. Der Wald

Gänse auf dem Bergerhof

lichtet sich. An einer ausgedehnten Wiese ist geradeaus der Neandertalsteig markiert. Bewaldete Hügel umgeben uns. Eben verläuft unsere Strecke quer zu einem steilen Hang mit alten Buchen und Eichen. Brombeeren ranken über den Boden.

An einer Kreuzung mit einer Bank bleiben wir unserer Strecke in einem sanften Linksbogen treu. Unter uns hören wir in einem Gehege an einem Haus Hühner und Gänse. Wir folgen unserer etwas abschüssigen Strecke unbeirrt geradeaus durch einen abwechslungsreichen Wald. Der Felderbach kommt wieder in unser Blickfeld und fließt leise plätschernd unter uns. An der bereits bekannten Pflasterung geht es rechts über den Bach zurück zur Felderhofstraße, wo rechts unser Auto steht.

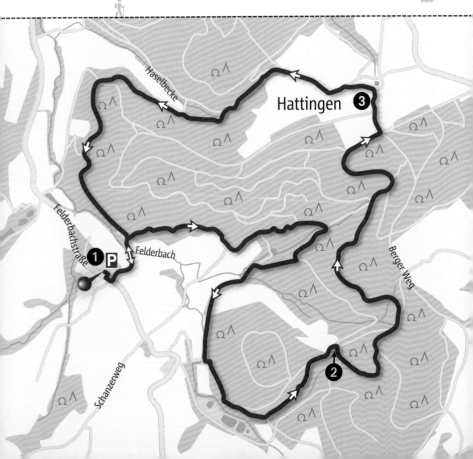

WIE & WANN:
Befestigte und unbefestigte Wege und Pfade;
kurze gepflasterte und asphaltierte Straßenabschnitte.
Bei trockener Witterung ganzjährig interessant

HIN & WEG:
Auto: Parkplatz am Bandwebereimuseum Elfringhausen, Felderbachstraße 59,
45529 Hattingen (GPS: 51.338031, 7.176342)
ÖPNV: keine direkte Anbindung an die Strecke

ESSEN & ENTSPANNEN:
Bergerhof Freilandgastronomie, Hofladen und Landmetzgerei ❸ Bergerweg 8,
45527 Hattingen, Tel. (0 23 24) 7 24 78, www.bergerhof.de

ENTDECKEN & ERLEBEN:
Bandwebereimuseum Elfringhausen ❶ Felderbachstraße 59, 45529 Hattingen,
Tel. (0 20 52) 96 15 43, www.hattingen-elfringhausen.de
Hütte und Bänke ❷

Entspannung ✳✳✳✳✳
Genuss ✳✳✳✳✳
Romantik ✳✳✳✳✳

❋ 9,2 Kilometer
❋ 552 Höhenmeter
❋ 3 Stunden
❋ Rundweg

Am Wanderparkplatz Hochheide lassen wir die Schutzhütte rechter Hand hinter uns und folgen der Straße ins Naturschutzgebiet Harberg-Heinsberger Heide. Statt Heidekraut sehen wir überwiegend Heidelbeersträucher, die sich unter den locker verteilten Birken, Lärchen und niedrigen Wacholderbüschen ausbreiten. Gerahmt wird die Fläche von Fichten.

An einer Gabelung, an der wir uns nach links orientieren, ragt ein Findling auf. Wir sind Am Dicken Stein ❶ angekommen. Ihn hat – das verrät ein Hörerlebnis im Internet, das dort als MP3-fähige Audiodatei zu finden ist – nicht die Eiszeit hierher verfrachtet, sondern der Tieflader eines Bauunternehmers. Seit 1965 ragt der Stein anderthalb Meter hoch aus dem Boden, reicht genauso tief hinein und markiert den Wanderweg A 4, dem wir an der ersten Gabelung links folgen. Wir bewegen uns auf historischen Spuren von Schmugglern, deren Objekt der Begierde Holz war.

Nachdem wir uns an einer Gabelung links an der A 4-Markierung orientiert haben, rückt ein Fichtenwald nah an uns heran. Alte Bäume werden von einer jungen Generation abgelöst. Einen Abzweig lassen wir links liegen. Eine Wiese schiebt sich zwischen uns und den Forst, der uns wenig später wieder umschließt. An einer Gabelung zweigt links ein breiter Wirtschaftsweg ab, wir aber folgen dem asphaltierten Waldweg weiter abwärts. Vogelgezwitscher sorgt für eine heitere Untermalung. Lücken zwischen Birken,

Durch ein Ausfuhrverbot von Holzkohle, das 1669 den Bergbau im kurkölnischen Sauerland schützen sollte, florierte der Schmuggel ins reformierte Wittgensteiner Land. Heide, die durch Übernutzung der Wälder entstand, wurde später mit im Bergbau verwendbaren Fichten aufgeforstet.

Buntes Mosaik
Heinsberger Heide und Schwarzbachtal

Im Tal des Schwarzbachs mit seinen Nebengewässern darf sich monotoner Fichtenwald in ein artenreiches Mosaik aus Bruchwäldern, Hangmooren und Feuchtwiesen verwandeln. In der Auenlandschaft leben seltene Pflanzen und scheue Tiere, etwa Luchs, Wildkatze und Schwarzstorch.

Ginster und Fichten lassen rechter Hand unsere Augen über eine bewaldete Hügelkette schweifen.

Auf einer Lichtung erfreuen wir uns an der reizvollen Mittelgebirgskulisse, bis uns an einer Kreuzung geradeaus erneut Nadelwald aufnimmt. Als wir fast unten im Tal angelangt sind, durchquert ein Bach den Wald, an dem Sumpfdotterblumen sonnengelbe Tupfen setzen. Vor uns liegt eine von Wildblumen gesäumte Wiese, durch die sich der von Gehölzen verdeckte Schwarzbach schlängelt. Kleinere Bäche fließen ihm zu. Durch die wechselnden Wasserstände dieses Bachsystems unterliegt die Auenlandschaft einer Dynamik, die einen einzigartigen Lebensraum schafft.

Wir schwenken links ab und durchwandern das Schwarzbachtal. ❷ Um uns herum breiten sich Fichten,

Im Schwarzbachtal

Birken und Eschen aus. An einer Gabelung folgen wir der schmalen Straße weiter geradeaus. Beiderseits mäandern Bäche, die unter einer Brücke zusammenfließen. Davor steigt links der geschotterte Rothaarsteig an. Ein Stück unterhalb erstreckt sich ein feuchter Birkenwald. Auf dem Hang zu unserer Rechten erheben sich Fichten, die uns kaum Schatten spenden. Am Wegesrand blühen Wasserdost, Fünffingerkraut und Walderdbeeren. Pfauenaugen, Zitronen- und Aurorafalter schwe-

Zitronenfalter

ben in einem federleichten Tanz von Blüte zu Blüte. Wasser tritt aus dem Hang aus und fließt hinab in den Auenwald. Bald verläuft die Etappe eben, der Schwarzbach kommt uns in seinem steinigen Bett wieder näher. Der Hang zu unserer Rechten flacht allmählich ab.

Steinquader helfen uns über ein niedriges Fließgewässer, das über unseren an dieser Stelle mit Natursteinen befestigten Weg strömt. Wir bleiben an zwei Gabelungen links der Aue treu, die nun nahezu baumlos ist. Zu unserer Rechten herrscht in Ameisenhügeln emsiges Treiben. Da Waldameisen wohldosierte Wärme brauchen, richtet sich die Höhe ihrer Bauten nach der

❀ Für die Seele

Bäche begleiten unsere erfrischende Wanderung durch einen Landstrich, in dem sich die Dynamik der Natur angenehm in unser Bewusstsein schiebt.

Ehemaliges Hofkreuz vom Haus Schwarz

Intensität der Sonneneinstrahlung. Ein sehr flacher Ameisenhügel neben uns bekommt unmittelbar die Sonnenstrahlen ab. Ein anderer Bau liegt im Schatten der Bäume, benötigt eine größere Fläche zum Aufheizen und hat deshalb eine hohe Kuppe.

Das ehemalige Hofkreuz und ein Gedenkstein neben einer Bank erinnern an das Haus Schwarz ③, das hier im 19. Jahrhundert abbrannte. Neben uns plätschert Wasser, das wir wenig später dank einiger Steinquader neben einem Holzgeländer trockenen Fußes überqueren. Zwischen Aue und Nadelwald leitet unsere Strecke uns an einer Gabelung links weiter und schwenkt links zu einer Holzbrücke ab. Sie schenkt uns einen freien Blick auf den glasklaren Bach mit seiner üppigen Ufervegetation. Wir klappen den schweren Deckel einer Metallschatulle auf, die auf dem Brückengeländer befes-

Metallschatulle

tigt ist. Darunter verbergen sich Informationen zur Natur, die uns umgibt. Wir lesen, dass wir uns auf dem Weg der Sinne ④ befinden. Treffender könnte man unser Wandererlebnis nicht auf den Punkt bringen!

Hinter der Brücke biegen wir links ab, vorbei an einer Tafel mit Informationen zum Naturschutzgebiet Schwarzbachtal. Fester Schotter führt uns zu einer geschwungenen Aussichtsbank ⑤, mit der wir zuvor aus der Ferne schon geliebäugelt hatten. Wir machen es uns bequem und betrachten in aller Ruhe die herrliche Umgebung, an der wir uns nicht sattsehen können.

Sobald wir die Wanderung fortsetzen, helfen uns Steinquader über den Habecker Bach. Er verbreitert sich rechts zu einem kleinen See und fließt links hinab in die Aue, von der wir uns im Rechtsbogen entfernen. Scharf rechts ab wandern wir quer zu einem baumlosen Hang. Talwärts breiten sich niedrige Birken, Fichten und Ebereschen aus.

Uns umgibt eine bilderbuchreife Waldkulisse, die von der schmalen Schlucht neben uns bis hinauf zu den Kuppen des Rothaargebirges reicht. Fichten wechseln sich mit Birken ab. Ein kleines Rinnsal wird von einem Hangmoor gespeist. Wir erfreuen uns an der Vielfalt der Moose, Flechten und Farne, die sich in dem feuchten Waldboden

ausbreiten. Zwar können wir sie nicht namentlich bestimmen, verlieren uns aber trotzdem in der Betrachtung ihrer filigranen Strukturen. Sonnenlicht fällt weich durch die Fichtenäste und wirkt auf uns wie ein zarter Muntermacher.

Bäume spenden uns kaum Schatten. Doch allein der Anblick des schmalen Gewässers, das sich durch den Wald schlängelt, ist sehr erfrischend. Bald nehmen uns Fichten in ihren angenehm kühlen Schatten auf. Einen rechten Abzweig missachten wir, um dem Rothaarsteig nach oben zu folgen. Links fließt träge ein malerisch mit Moos und Farn bewachsener Bach. Dieser Streckenabschnitt mündet oben in einen T-Abzweig, an dem wir uns rechts halten. Unter locker verteilten Bäumen breiten sich Heidelbeeren aus, durch die sich ein Bächlein windet. Einen rechten Abzweig ignorieren wir und laufen leicht aufwärts weiter geradeaus. Nur wenige Kiefern ragen am Rande der Heinsberger Hochheide auf, wo geradeaus unser Auto auf uns wartet.

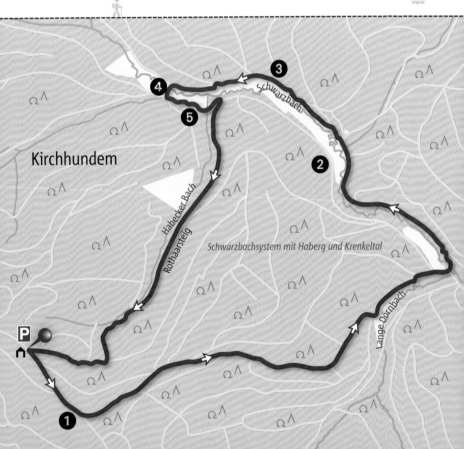

WIE & WANN:
Asphaltierte, befestigte und unbefestigte Wege;
bei trockener Witterung ganzjährig interessant

HIN & WEG:
Auto: Wanderparkplatz Hochheide, Anfahrt über Bergstraße,
57399 Kirchhundem-Heinsberg (GPS: 51.037210, 8.182758)
ÖPNV: keine direkte Anbindung an die Strecke

ESSEN & ENTSPANNEN:
Hier gehört leckere Verpflegung für ein Picknick in den Rucksack!

ENTDECKEN & ERLEBEN:
Am Dicken Stein ❶ Hörerlebnis: www.kirchhundem.de/grenzgeschichten
Schwarzbachtal ❷
Einstiges Haus Schwarz ❸
Metallschatulle auf dem **Weg der Sinne** ❹
Aussichtsbank ❺

Entspannung ✳✳✳✳✳
Genuss ✳✳✳✳✳
Romantik ✳✳✳✳✳

Bachforelle in der Ilse

* 9,9 Kilometer
* 605 Höhenmeter
* 3 Stunden
* Rundweg

Von einer Übersichtskarte am Parkplatz starten wir parallel zur Straße, die links liegt.Uns nimmt der mit Gras bewachsene Wanderweg A 1/B 2 mit in einen Fichtenwald. Es geht ein kurzes Stück steil und unbefestigt abwärts, an einigen Stellen bieten uns Holzstufen Trittsicherheit. Unten links queren wir auf einer Holzbrücke die Ilse in ihrem steinigen Flussbett. Auf der anderen Seite der Straße Zum Ilsetal (K 35) verläuft unsere etwas schräg nach links versetzte Route geradeaus und dann rechts als A 1/B 2 markiert tiefer in einen Wald.

Steile Hänge flankieren uns, während wir uns in Bögen aufwärts durch einen Mischwald bewegen. In einem Wirrwarr aus abgebrochenen Ästen verteilen sich Baumstrünke mit samtigen Moosbezügen. Unserem Wanderweg bleiben wir an einer Verzweigung treu, um ihn an einer Kreuzung links über einen mit viel Laub bedeckten Waldweg zu verlassen. An einem Querweg biegen wir links ab, halten uns unmittelbar danach rechts und wandern durch weitgehend junge Buchen und Fichten auf dem Prinz-Georg-Weg. ❶ Das hölzerne Namensschild lässt uns ahnen, dass wir in einem fürstlichen Forst unterwegs sind.

Ein Hochsitz lässt uns vermuten, dass die Jagd auf Wild im Rothaargebirge lohnenswert ist. Der Forstweg steigt leicht an. Eng stehende Nadelbäume, zwischen denen sich auch Douglasien finden, werden von Buchen abgelöst. An einer Wegteilung orientieren wir uns rechts. Geradeaus steigt hinter einer Kreuzung

Als Nebenfluss der Lahn entspringt die Ilse bei Bad Laasphe im Siegen-Wittgensteiner Land, eine der waldreichsten deutschen Regionen und ein echtes Wanderparadies. Am Rand des Rothaargebirges, das Höhen bis 800 Meter erreicht, erstreckt sich das Lahntal bis ins angrenzende Hessen.

Als Nebenfluss der Lahn entspringt die Ilse bei Bad Laasphe im Siegen-Wittgensteiner Land, eine der waldreichsten deutschen Regionen und ein echtes Wanderparadies. Am Rand des Rothaargebirges, das Höhen bis 800 Meter erreicht, erstreckt sich das Lahntal bis ins angrenzende Hessen.

Die kühle Ilse
Vom Ilsetal zum Weidelbacher Weiher

das Gelände stark an. Eine Schicht aus Nadeln und Laub nehmen wir unter unseren Füßen wie einen flauschigen Teppich wahr. In sanften Bögen geht es abwärts.

Winzige Farnwedel an einer niedrigen Böschung tragen zur geheimnisvollen Waldstimmung bei, die vom Moosbewuchs an Fichtenstämmen und Baumstümpfen unterstrichen wird. Was auf uns so bezaubernd wirkt, ist für dieses komplexe Ökosystem unverzichtbar. Jedes noch so winzige Pflänzchen spielt im Kreislauf der Natur eine wichtige Rolle. Moose beispielsweise, die sich ausschließlich aus der Luft und dem Regen mit Nährstoffen versorgen, binden darin enthaltene Schadstoffe. Moose auf Baumrinden beherbergen Blaualgen, die den Bäumen bei der Umwandlung von Stickstoff in organische Substanzen helfen. Die wiederum sind für Tiere und Pflanzen lebensnotwendig. Die Farnbestände in unseren heimischen Wäldern können kaum etwas gegen den Klimawandel unserer Tage ausrichten. Doch im Zeitalter des Karbon speicherten Riesenfarne derart große Mengen Kohlendioxid, dass sie vor 270 Millionen Jahren mitverantwortlich waren für das drastische Absinken der Temperatur auf unserem Planeten.

Kurven leiten uns hinab zu einer Schonung mit einer jungen Baumgeneration. An einer großen Kreuzung zeigt ein Richtungsweiser geradeaus nach Feudingen. Auch an einer Verzweigung laufen wir geradeaus weiter, an einigen Hinweisschildern vorbei. Leicht aufwärts wenden wir uns nach einer Weile an einem

 ## Für die Seele

Die muntere Ilse und der stille Weidelbacher Weiher schenken uns herzerfrischende Augenblicke auf unserer abwechslungsreichen Waldwanderung.

Holzwegweiser rechts, während sich dort der Lahnwanderweg links von uns entfernt. Unmittelbar danach schwenken wir rechts mit der Rothaarsteig-Spur in einen Fichtenwald ab. Da der Pfad kaum zu erkennen ist, dient uns die schwarz-weiße Wandermarkierung zur Orientierung. Es ist ein schönes Gefühl, über den weichen Waldboden bergab zu stapfen. Vor uns liegt ein hinreißendes Mittelgebirgspanorama.

Uns bringt links die nun breite Rothaarsteig-Spur, die mit Bucheckern, Laub und stellenweise auch mit Gras bedeckt ist, zu einem Querweg. Rechts steht in einer von zahlreichen Bänken umgebenen Schutzhütte ein Tisch, der aus einer Baumscheibe der 250 Jahre alten Bettelmannsbuche ❷ gefertigt wurde. Ihre auf einer

Schutzhütte Bettelmannsbuche

Holztafel niedergeschriebene Geschichte regt unsere Fantasie an. Wir sehen fahrende Händler, die bei Anbruch der Nacht unter ihrer Krone Schutz suchen. Vielleicht tauschen sie Erfahrungen mit Menschen aus, die von hier aus weiter zur Quelle der Ilse pilgern, die als „heiliger Born" verehrt wird ... Im Jahr 1976 hat ein Sturm den altehrwürdigen Baum entwurzelt, der sicher viele Anekdoten kannte.

Die Schutzhütte lassen wir links hinter uns und biegen gleich rechts vom Schotterweg ab. Die Rothaarsteig-Spur leitet uns über wunderbar weichen Untergrund in einen Hohlweg, an dessen niedrigen Böschungen wundersam gewachsene Bäume stehen. Astlöcher in den Stämmen wirken wie Augen, die uns gut im Blick haben. In seiner ruhigen Stimmung wirkt der Wald auf uns wie ein magischer Kraftort. Am Ende wartet eine Wiese mit Kirschbäumen auf uns – welch ein Kontrast!

Wo wir wieder auf den Schotterweg treffen, schwenken wir rechts ab, ebenso an der Möglichkeit danach. Gleich hinter einem Wegweiser zum Weidelbacher Weiher nimmt uns rechts der als Lahnwanderweg und Rothaarsteig-Spur markierte Dr. Fischer-Weg ❸ auf. Ein Holzschild benennt ihn zwar so, verrät uns aber nichts über den Namensgeber. An einem sonnigen Streckenabschnitt wächst vor niedrigen Fichten und Buchen Ginster und Fingerhut. Hier und da erhaschen wir durch die Bäume Blicke auf die gegenüberliegenden bewaldeten Hügel.

Wir schlendern in einem Linksbogen abwärts. Unser Weg ist von Laub und Zapfen bedeckt. An einer Kreuzung wählen wir vor uns rechts den ansteigenden Lahnwanderweg. Wir ignorieren einen rechten Abzweig und wandern unmittelbar danach an einer Gabelung rechts hinab weiter. Neben einer Schutzhütte und Bänken steigen wir über Holzstufen hinunter zum mit Seerosen bedeckten Weidelbacher Weiher. ❹ Stellenweise wird das Ufer des vegetationsreichen

kleinen Gewässers von alten Bäumen gesäumt. Dieser verträumte Ort ist ideal, um Abstand vom Alltag zu gewinnen.

Am Ufer wenden wir uns nach links, der See liegt zu unserer Rechten. Wir ignorieren einen rechts abschwenkenden Weg und wandern geradeaus weiter zu einer Gabelung, an der wir uns für den rechten Wanderweg A 4/B 2 entscheiden. Ein Bach versteckt sich die meiste Zeit in seinem Kerbtal unter dichtem Bewuchs, nur ab und zu kommt er nah an uns heran. Moosüberzogene Ahorne reihen sich an diesem Streckenabschnitt einer Allee vergleichbar auf.

Unsere Strecke beschreibt einen leichten Rechtsbogen. Sicht- und hörbar plätschert neben uns der Bach. Das gegenüberliegende Ufer wird von steil aufragenden Felswänden begrenzt. Wir staunen, dass die Bäume dort Halt finden. Auf unserer Seite sind schroffe Gesteinsformationen mit Farn, Flechten und Moos bewachsen, zwischen denen Felsspalten in Augenhöhe winzige Grotten bilden. Fast erwarten wir, dass ein Gnom heraustritt und uns begrüßt.

Wir erreichen die Straße Zum Ilsetal (K 35), laufen ein paar Schritte nach links und gehen auf der anderen Straßenseite über Stufen hinunter zur Ilse. Von einer Holzbrücke aus schauen wir versonnen zu, wie das Wasser über dicken Steinen verwirbelt und sich so mit Sauerstoff anreichert. Die Ilse-Quelle als Wallfahrtsort spukt durch unsere Köpfe. Geldsegen brachte sie der Region gewiss, denn bereits im Mittelalter war sie eine beliebte Heilquelle. Was auch immer ihr Wasser so besonders macht, allein der Anblick der munteren Ilse belebt unseren Geist.

Im Linksbogen entfernen wir uns vom Ufer. Von einer Bank lassen wir unsere Blicke über die grüne Aue schweifen. Als Rothaarsteig markiert verläuft rechts ein schmaler Schleichpfad durch Sträucher und niedrige Bäume. Die Ilse schlängelt sich neben uns durch die Feuchtwiesen. Wir trauen unseren Augen kaum, als wir im reinen Wasser Bachforellen entde-

cken. Linker Hand steigt ein Felsenhang steil an, die Bäume werden höher, der schattige Pfad noch schmaler. Zum Abschied rauscht die Ilse uns wie ein Miniaturwasserfall über flache Felsstufen entgegen. Nun kennen wir uns schon wieder aus: Links bringt uns der A1 über die bekannten Stufen nach oben und im Rechtsknick zum Auto zurück.

Wieder haben wir erfahren dürfen, dass Wald sehr viel mehr ist als die Summe der Bäume und dass diese wiederum viel mehr sind als bloße Rohstofflieferanten. Wir verabschieden uns von den unzähligen Tier- und Pflanzenarten, den Organismen und … ja, auch von den Waldgeistern, die uns in Gedanken begegnet sind.

Alles auf einen Blick

WIE & WANN:
Geschotterte und unbefestigte Wege und Pfade, wenig Asphalt; beste Wanderzeit
April bis Oktober. Bei Hochwasser können einige Wegabschnitte überflutet sein.
Auf der kurzen Etappe vom Parkplatz hinab zum Bach sind Wanderstöcke hilfreich

HIN & WEG:
Auto: Wanderparkplatz an der Indel, Lindenfelder Weg, 57334 Bad Laasphe
(GPS: 50.913407, 8.324625)
ÖPNV: keine direkte Anbindung an die Strecke

ESSEN & ENTSPANNEN:
Bitte Rucksackverpflegung nicht vergessen, für ein Picknick in der Schutzhütte
Bettelmannsbuche ➋ und/oder am Rastplatz Weidelbacher Weiher ➍

ENTDECKEN & ERLEBEN:
Prinz-Georg-Weg ➊
Schutzhütte Bettelmannsbuche ➋
Dr.-Fischer-Weg ➌
Weidelbacher Weiher ➍

Entspannung ✻✻✻✻✻
Genuss ✻✻✻✻✻
Romantik ✻✻✻✻✻

Die GPS-Daten zu jeder Tour gibt es auf
www.droste-verlag.de

© 2020 Droste Verlag GmbH, Düsseldorf
2. Auflage 2021
Konzeption/Satz: Droste Verlag, Düsseldorf
Einbandgestaltung und Illustrationen: Britta Rungwerth, Düsseldorf,
unter Verwendung von Bildern von © Adobe Stock: Reddogs, Eric Isselée und
© Shutterstock: 29october
Fotos: Sabine Hauke, Hamminkeln (S. 110: Veröffentlichung mit freundlicher
Genehmigung der Stiftung Abtei Heisterbach),
außer: S. 1: © Reddogs - stock.adobe.com
Karten: Thorsten David, Bochum
Druck und Bindung: LUC GmbH, Greven

MIX
Papier aus verantwor-
tungsvollen Quellen
FSC
www.fsc.org **FSC® C011279**

ISBN 978-3-7700-2117-8
www.droste-verlag.de